일론 머스크 플랜3

전기차에서 AI, 우주를 담은 마스터플랜의 현주소

일론 머스크 플랜3

── ELON MUSK PLAN3 ──

| 이진복 지음 |

미래의창

테슬라,
캐즘을 넘어설 수 있을까?

언제나 그래왔듯, 2024년 한 해도 테슬라는 역시 전 세계에서 가장 떠들썩한 기업 중 하나였습니다.

에너지 사업의 성장의 본격화, 사이버트럭 대량생산, 테슬라봇의 빠른 성능 발전, 로보택시 사업과 관련된 구체적인 사업 계획 발표까지. 뉴스 기사와 유튜브, 일론 머스크의 SNS 계정을 통해 호재가 들려올 때마다 수많은 사람들이 이에 주목하고 환호했습니다.

하지만 유독 악재도 끊이지 않았는데요. 크든 작든 항상 논란과 함께 였던 테슬라지만, 비야디^{BYD} 등 중국 경쟁사들의 위협, 대표 라인업 차종의 노후화, 자율주행 서비스의 고도화 지연, 4680 배터리 기술 혁신 지연 등 2024년은 특히나 많은 세간의 우려와 걱정이 뒤따랐습니다.

이 중 투자자들을 가장 근심하게 만든 이슈는 전기차 사업의 성장이 정체되었다는 점이겠죠. 그간 테슬라는 2020년 50만 대, 2021년 94만 대, 2022년 131만 대, 그리고 2023년 181만 대의 전기차를 판매하며 폭발적 성장을 이어왔습니다. 하지만 2024년에는 크게 성장하지 못하고 전년도와 유사한 판매량을 기록할 것으로 예상되고 있습니다.

테슬라의 전기차 사업이 정체 상황에 봉착한 이유는 무엇일까요? BYD 등 중국 경쟁사들의 위협, 대표 라인업인 모델 3와 Y의 노후화, 자율주행 서비스의 고도화 지연 등 여러 가지를 꼽을 수 있겠지만, 아마도 가장 큰 이유는 '전기차 시장의 성장 둔화'일 것입니다. 언론과 증권사 애널리스트들은 이를 흔히 '캐즘Chasm'이라는 용어로 설명하는데요.

'캐즘'은 미국의 사회심리학자 에버렛 로저스Everett M. Rogers의 '기술 수용 주기 이론'에서 처음 언급된 용어입니다. 기존에 없던 신제품이 출시됐을 때 이를 구매하는 소비자는 그 구매 시점과 성향에 따라 여러 가지 유형으로 구분되는데요.

먼저 신제품을 누구보다 앞서 구매하는 이들은, 전체 소비자의 약 2.5% 비중을 차지하는 '혁신가Innovator' 유형입니다. 이들은 새로운 기술에 매우 열광하기 때문에 높은 가격을 주고서라도 일찍 구매해 사용해보려는 경향을 보입니다.

그다음으로 신제품을 구매하는 이들은 전체의 약 13.5%를 차지하는 '얼리어답터Early Adopter' 유형인데요. 혁신가만큼은 아니지만, 역시 불편함을 감수하더라도 남들보다 먼저 새로운 제품을 구매해 사용해보고자 하는 열망이 강한 이들입니다.

그다음으로는 전체의 34%를 차지하는 '초기 다수 소비자Early Majority'가 있습니다. 34%라는 상대적으로 큰 수치에서 짐작할 수 있듯, 이들은 우리 주변에서 쉽게 찾아볼 수 있는 일반 소비자에 가깝습니다. 혁신가나 얼리어답터처럼 단순히 신제품이라고 해서 무작정 구매하지 않고, 가격과 성능, 품질 등에 대해 면밀히 고민하고 구매합니다. 기존 제품과 비교해 다른 특별한 점을 찾지 못하거나 불편함을 느낀다면 아무리 신제품이어도 구매하지 않습니다.

이러한 다수 소비자가 신제품 출시 초기 구매를 고민하는 단계에선 일시적으로 판매 성장세가 꺾이는 구간이 발생하는데, 이 구간을 '깊은 골'이라는 뜻의 '캐즘Chasm'이라고 부릅니다.

2024년 현재, 전기차 시장은 바로 이 캐즘에 진입한 것으로 보입니다. 글로벌 리서치 업체 EV볼륨즈EV Volumes의 분석에 따르면, 2023년 자동차 시장 내 전기차 침투율은 약 16%로 나타났는데, 이는 공교롭게도 혁신가(2.5%)와 얼리어답터(13.5%)의 비중을 합한 수치와 정확히 일치합니다. 전기차 시장이 더 성장하기 위해서는, 혁신가와 얼리어답터를 넘어 34%에 달하는 초기 다수 소비자를 설득해야 하는 상황에 놓인 것이죠.

그러나 초기 다수 소비자들은 전기차의 비싼 가격, 부족한 충전소 등의 단점에 불편함을 느껴 구매를 주저하고 있는 것으로 보입니다. 이에 따라 전기차 시장 성장세가 둔화되고, 시장 대표 주자라할 수 있는 테슬라 역시 성장세가 꺾이는 위기에 봉착했다고 해석할 수 있을 것 같습니다.

테슬라는 과연 캐즘을 넘어 성장 가도에 올라설 수 있을까요?

🚗 불확실성과 위기가 기본값인 비즈니스

사실 테슬라는 창립 이래 항상 위기에 놓여있었다고 해도 과언이아닐 정도로, 이제껏 수많은 위기 상황을 마주했습니다. 2017년 첫보급형 전기차 제품인 모델 3의 양산에 차질이 발생했을 당시에는, 많은 투자자들이 '테슬라가 곧 파산할 것이다'라는 저주스러운 예측을 쏟아냈습니다. 2021년 코로나19 팬데믹으로 인해 전 세계적으로 공급망에 차질이 발생했을 때는, 부품이 없어 차를 만들지 못하고 확진자로 인해 공장 가동을 통째로 멈추기도 했고요. 이외에도 테슬라는 무수히 많은 크고 작은 위기를 넘겨야만 했습니다.

흥미로운 점은, 이런 상황에서도 테슬라에게는 언제나 '계획'이 있었다는 것입니다. 앞서 이야기했던 온갖 위기 속에서 테슬라는 어떻게든 이를 해결해 계획된 목표를 차근차근 달성해왔습니다.

테슬라의 계획이 대중에 처음으로 알려진 것은 2006년이었는데요. CEO 일론 머스크는 전기차의 대중화를 목표로 하는 첫 번째 마스터플랜을 공개합니다.

⚡ 첫 번째 마스터플랜(2006)

1) 스포츠카를 만든다.
2) 벌어들인 돈으로 경제적인 가격의 차를 만든다.
3) 벌어들인 돈으로 더 경제적인 가격의 차를 만든다.
4) 탄소를 배출하지 않는 발전 수단을 제공한다.

10년 뒤인 2016년에는 자율주행이나 무인 자율주행 택시와 같은 미래 자동차의 변화 방향성을 제시하는 두 번째 마스터플랜을 공개합니다.

⚡ 두 번째 마스터플랜(2016)

1) 배터리 저장 시스템이 끊김 없이 매끄럽게 통합된 멋진 솔라루프를 생산한다.
2) 모든 차종을 커버하기 위해 전기 자동차 제품군을 확장한다.

3) 대규모 차량 학습을 통해 수동 운전보다 10배 더 안전한
   자율주행 기능을 개발한다.
4) 차량을 사용하지 않을 때도 차를 통해 수익을 창출할 수 있게
   한다.

그리고 가장 최근인 2023년에는 궁극적으로 테슬라가 목표로
하는 지속 가능한 에너지 기반 사회를 만들기 위한 세 번째 마스터
플랜을 공개합니다.

⚡ **세 번째 마스터플랜**(2023)
   1) 현존하는 전력망을 재생에너지로 대체한다.
   2) 기존 내연기관차를 전기차로 전환한다.
   3) 기존 가정용 · 산업용 열원을 히트펌프로 대체한다.
   4) 히트펌프로 공급 불가한 고온의 열에너지를 전기로 생산하고,
      그린 수소를 활용한다.
   5) 비행기와 선박의 연료를 재생에너지로 대체한다.

테슬라가 세운 계획의 결과물은 어떠한가요?

전기차가 소수의 마니아만 구매하는 니치 마켓^{Niche Market}에 머무
를 것이라던 고정관념을 부수고, 전기차의 대중화를 이끌며 연간

연도별 테슬라 차량 판매량

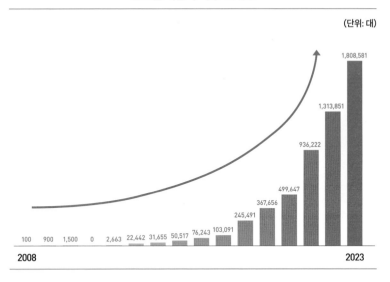

(단위: 대)

100　900　1,500　0　2,663　22,442　31,655　50,517　76,243　103,091　245,491　367,656　499,647　936,222　1,313,851　1,808,581

2008　　　　　　　　　　　　　　　　　　　　　　　　　**2023**

200만 대 판매 고지를 넘보고 있습니다. 또한 친환경 에너지 보급이 제한적일 것이라는 부정적 예측을 넘어, 테슬라 에너지 사업은 판매량 기준 6년 전 대비 무려 40배에 달하는 규모로 성장했습니다. 뿐만 아니라, 자율주행은 30, 40년 뒤 먼 미래에나 구현될 것이라는 비관적 예상과 달리, 로보택시 서비스의 출시를 빠른 시일 내에 이룰 것으로 보입니다.

이렇게 첫 번째 마스터플랜은 이미 달성되었고, 두 번째 마스터플랜의 달성 또한 점점 가시화되고 있습니다. 동시에 세 번째 마스터플랜을 달성하기 위해 쉼없이 움직이고 있고요.

테슬라는 수많은 부정적 예측을 정면돌파해 꿋꿋이 자신만의 계획과 목표를 달성하면서, 지금의 위치까지 성장해왔습니다. 일론 머스크의 마스터플랜에서 계획됐던 바와 같이, 전기차 기업뿐 아니라 AI 기업, 에너지 기업으로 발돋움하고 있는데요.

테슬라가 '캐즘'이라 불리는 현재의 위기를 과연 돌파할 수 있을지, 그에 대한 힌트 역시 테슬라의 계획에서 찾아볼 수 있을 것 같습니다. 테슬라가 이제껏 어떠한 목표를 갖고 있었고 어떻게 이를 달성해왔는지, 그리고 앞으로는 어떠한 목표와 계획을 갖고 있는지 살펴본다면, 테슬라의 미래를 조심스레 짐작해볼 수 있을 것입니다.

물론 테슬라와 일론 머스크를 맹목적으로 신격화하며 무작정 추앙하고자 하는 의도는 전혀 없습니다. 테슬라가 아무리 놀라운 기업이라 한들, 모든 계획을 처음 목표했던 일정대로 달성해나가고 있는 것은 아닙니다. 지나치게 타이트한 일정으로 약속했던 목표를 지키지 못하기도 하고, 해결하기 너무 어려운 문제에 맞닥뜨리기도 합니다. 또한 CEO인 일론 머스크 개인도 여러 가지 일탈과 기행을 저지르기도 합니다. 많은 사람들이 그를 예측할 수 없는 사람, 허풍쟁이 혹은 사기꾼이나 미치광이라고 생각하는 것도 사실입니다.

하지만 이런 오해와 달리, 일론 머스크는 2000년대 초반 전기차라는 리스크 높은 새로운 시장에 뛰어들면서도 자신만의 게임 플랜과 비전을 갖고 있었고, 이를 대담하게 실행해낸 전략가이기도 합니다. 이러한 공로와 능력을 인정받아, 최근 일론 머스크에게 60조 원에 달하는 주식 보상을 수여하는 안건이 주주 총회에서 통과되기도 했는데요. 미국 기업 역사상 최대 규모라 할 만큼 엄청난 금액이기에, 과연 지급이 타당한가를 놓고 갑론을박하기도 했습니다. 그럼에도 불구하고 주주들의 적극적 동의하에 지급이 결정된 것은 테슬라의 경영자로서 일론 머스크가 대체 불가한 존재라는 것을 의미합니다. 일론 머스크와 테슬라가 어떤 관점으로 세상을 바라보고 있고, 어떤 계획하에 문제를 해결해나가고 있는지 소개하는 것으로 독자분들께 유익한 가치를 전달할 수 있으리라고 생각합니다.

따라서 본 책에서는 일론 머스크라는 개인의 일대기가 아닌, 테슬라라는 기업의 계획과 성장사에 대해 주로 이야기하고자 합니다. 이를 통해 단순한 정보의 나열이 아닌 풍부한 시사점을 전달하고자, '사실'보다는 '관점'을, 'What'보다는 'Why'에 대한 이야기를 더 많이 담고자 노력했습니다.

'PART 1'에서는 일론 머스크가 제시한 세 차례의 마스터플랜을 소개합니다. 테슬라가 전기차 시장을 대중화하기 위해 어떠한 계획과 목표를 가지고 있었고, 앞으로는 어떠한 방향으로 변화를 추진하고 있는지를 다룹니다.

　'PART 2'에서는 이러한 마스터플랜을 달성하기 위해 해결해야 할 세 가지 핵심 과제인 배터리와 AI, 에너지 사업에 대해 소개합니다. 최근 주식시장에서도 가장 큰 관심을 받고 있는 섹터죠. 흔히들 자동차 회사로만 알고 있는 테슬라가 어떤 이유로 배터리와 AI, 에너지 사업에 직접 관여하며, 이와 관련해 직면한 문제를 어떻게 풀어가고 있는지를 다룹니다.

　'PART 3'에서는 세 차례의 마스터플랜에 포함되지 않은 일론 머스크의 또 다른 계획들을 소개합니다. 테슬라가 만드는 테슬라봇, 스페이스X SpaceX 의 우주탐사 사업, 엑스AI xAI 의 인공지능 사업, 더 보링 컴퍼니 TBC, The Boring Company 의 터널 사업 등에 대해 다룹니다.

　제가 테슬라를 관찰하고 분석하며 그랬던 것처럼, 독자 여러분도 이 책을 통해 불확실성의 시대에서 귀감이 되는 인사이트를 발견하기를 바랍니다. 테슬라와 자동차 시장을 바라보는, 더 나아가 일상 속의 문제를 바라보는 관점에 있어서 작은 변화와 영감을 얻을 수 있기를 소망합니다.

2024년 11월

이진복

목 차

PART 1

일론 머스크는
다 계획이 있었다

1

첫 번째 계획:
전기차를 대중화한다

첫 번째 마스터플랜

2006

1. 스포츠카를 만든다.

2. 벌어들인 돈으로 경제적인 가격의 차를 만든다.

3. 벌어들인 돈으로 더 경제적인 가격의 차를 만든다.

4. 탄소를 배출하지 않는 발전 수단을 제공한다.

로드스터: 테슬라가
럭셔리 스포츠카를 만든 이유

🚗 럭셔리 스포츠카로 낡은 이미지를 깨부수다

전기차는 오래된 발명품입니다. 혁신적인 첨단 제품이라는 현재의 이미지와 달리, 최초의 전기차는 지금으로부터 약 200년 전인 1830년대 무렵에 탄생했습니다. 최초의 내연기관 자동차가 1885년경에 발명됐으니 내연기관보다도 오래된 셈입니다. 하지만 1900년대 초 미국 텍사스에서 다량의 원유 매장지 발굴로 석유 가격이 급락하고 포드사의 모델 T를 시작으로 내연기관의 대량생산 체제가 갖춰지면서, 내연기관차가 급속도로 보급되었습니다.

반면 전기차는 연료 효율과 충전 시간 등의 한계를 극복하지 못하며 자연스레 자취를 감추게 됐는데요. 패자에게는 영광 대신 치욕만 남는 법이라고 했던가요. 전기차는 기술혁신이 정체되면서

2008년 출시된 테슬라 로드스터. 2인승 럭셔리 스포츠카로 가격이 1억 원을 넘었습니다.

배터리 성능의 한계로 오래 주행할 수도 없고 많은 사람을 태우지도 못했기에, 골프 카트 같은 소형 단거리 이동 수단으로만 쓰이게 됩니다. 이로 인해 '극단적 환경 운동가들이나 타는 작고 약한 자동차'라는 유약한 이미지를 뒤집어쓴니다.

이를 깨부순 제품이 바로 2008년 출시된 테슬라의 첫 전기차, 로드스터Roadster였습니다. 로드스터는 우리가 흔히 타는 보급형 세단이나 SUV가 아니었습니다. 무려 11만 달러, 한화로 1억이 훌쩍 넘는 가격의 2인승 럭셔리 스포츠카였는데요.

놀라운 것은 단번에 전기모터로 내연기관에 필적하는 성능을 구현해냈다는 겁니다. 정지 상태에서 시속 100km에 도달하는 데 4초가 채 걸리지 않았고, 최대 주행거리는 390km가 넘었으며, 최고 속도는 시속 200km에 달했습니다. 자연스레 로드스터는 출시 즉시 화제를 몰고 왔습니다. 전기차라고는 믿기지 않는 주행 감각과 성능 덕에 '최우수 발명품상(《타임》)', '가장 광고에 걸맞은 성과를 올린 새로운 자동차상(《포브스》)' 등 많은 상을 휩쓸었습니다. 또 처음 제작된 100대는 레오나르도 디카프리오 등 유명 인사들에게 먼저 판매됐고, 이들은 자진해서 로드스터의 홍보 대사로 나섰죠.

로드스터는 전기차도 섹시할 수 있다는 것을 보여줬습니다. 작고 보잘것없다는 이미지를 깨고, 누구나 선망하는 친환경 슈퍼카를 만들어 보인 겁니다. 로드스터 이후, 일론 머스크는 후속 제품으로 모델 S, 모델 X, 모델 3, 모델 Y를 순차적으로 계획해 줄시합니다.✞ S, 3(E), X, Y라는 철자로 연상되는 'SEXY'라는 단어에서, 일론 머스크가 지향하는 전기차의 브랜드 이미지가 무엇인지 드러나기도 하는데요. 이렇게 로드스터 이후 차례로 출시되는 테슬라의 전기차들은 자연스레 섹시한 프리미엄 제품의 후광을 입을 수 있

✞   본래 일론 머스크는 모델 3 대신 모델 E라는 이름을 사용하고 싶었다고 합니다. 그러나 모델 T의 상표권을 갖고 있던 포드사에서 E와 T의 발음이 비슷하다는 이유로, 모델 E라는 이름 사용 시 고소하겠다고 위협을 가했고, 결국 테슬라는 모델 E라는 이름의 사용을 포기하게 됩니다. 이로 인해 'E'와 형태가 유사한 '3'을 대신 사용하게 됩니다.

었습니다.

만약 테슬라가 그 시작을 저렴한 보급형 세단으로 했다면 어땠을까요? 지금과 같이 애플에 비견되는 최첨단 프리미엄 제품의 이미지를 가질 수 있었을까요?

테슬라와는 정반대로 보급형 모델로 시작해 어려움을 겪은 사례가 현대자동차(이하 현대차)입니다. 2008년 베이징 하계 올림픽을 앞두고 현대차는 중국 시장의 택시 업계를 집중적으로 공략했습니다. 덕분에 2010년경에는 베이징에서 달리는 택시 7만여 대의 절반 이상이 현대 엘란트라가 됐다고 하는데요.

일시적인 매출 진작 효과는 있었겠지만, 이로 인해 중국 소비자들의 머릿속엔 '현대차 = 택시'라는 이미지가 각인되었을 겁니다. 자기 돈으로 택시를 구매해서 운전하고 싶은 사람이 과연 얼마나 있을까요. 이런 선택이 패착으로 작용한 것인지, 이후 현대차는 중국 시장에서 일본 차, 독일 차와 같은 고급 수입차의 이미지에서는 멀어지고, 저렴한 중국 차들과 가격경쟁의 늪에 빠지게 됩니다.

물론 세상일은 모르는 것이기에, 테슬라가 보급형 모델로 시작했다고 해서 반드시 현대차와 동일한 낭패를 봤을 거라고는 생각하지 않습니다. 하지만 로드스터라는 럭셔리 모델로의 시작은 전기차의 낡은 이미지 혁신에 있어서는 분명 탁월한 선택이었습니다.

재미있는 점은, 테슬라가 첫 제품으로 럭셔리 스포츠카를 만든 것
이 불가피한 전략적 선택이었다는 사실입니다. 당시 테슬라는 저
렴한 가격의 세단이나 SUV를 만들 능력이 없었습니다. 이런 이야
기를 들으면 자연히 고개를 갸우뚱하실 텐데요. 더 비싸고 성능도
뛰어난 럭셔리 제품은 만들 수 있는데, 저렴하고 낮은 성능의 보급
용 제품은 만들 능력이 없다니요?

　테슬라가 로드스터의 개발을 시작한 2000년대 중반의 상황을
한번 떠올려보겠습니다. 테슬라는 지금과 같이 조 단위 매출을 올
리는 거대 기업이 아닌, 이름 없는 소규모 스타트업이었습니다. 자
동차를 대량으로 양산할 설비와 공장을 갖추지도 못했고요. 그렇
기 때문에 많은 제조 과정을 기계가 아닌 사람의 수작업에 의존
해야 했습니다. 당연히 대량생산 또한 불가했겠죠. 포드나 GM 같
은 전통 자동차 제조사들과 같이 대형 설비를 갖추고 수십, 수백
만 대를 만듦으로써 누릴 수 있는, 이른바 '규모의 경제'를 달성하
는 것이 불가능했던 것입니다. 그런 이유로 테슬라가 2008년부터
2011년까지 3년간 판매한 로드스터는 총 2,500대 내외에 불과했
습니다. 일일이 사람 손으로 만드는 소량생산 제품이 과연 가격경
쟁력을 가질 수 있을까요?

또한, 로드스터는 상당한 '제약'하에 만들어진 자동차였는데요. 테슬라가 제로 베이스에서 새로 개발한 것이 아니라, 영국의 자동차 브랜드 로터스Lotus의 차량을 개조한 차였습니다. 로터스 차량에서 기존 내연기관 엔진을 들어내고 여기에 리튬 이온 배터리와 이를 기반으로 한 구동장치를 장착했습니다. 당시까지만 해도 테슬라의 직원 수가 일개 수십, 수백 명 단위의 스타트업이었음을 고려하면, 이런 방식이 자연스러운 사업 구조이기는 합니다. 앞서 말했듯 대규모 설비와 공장을 갖출 능력이 없었고, 이를 연구 개발할 여력 또한 갖추기 힘들었을 테니까요. 어쨌거나 이렇게 반조립된 제품을 주는 대로 받아온 뒤 개조해 재판매하는 사업의 특성상, 원가는 비쌀 수밖에 없었고 자체적인 원가절감 행위를 하는 것조차 어려웠을 겁니다.

결론적으로, 테슬라가 첫 제품으로 보급형 세단이든 럭셔리 스포츠카든 무엇을 만들든지 간에, 그 원가는 사업 구조상 매우 높을 수밖에 없었습니다. 여기에 이익을 내기 위한 일정 수준의 마진까지 붙이면 가격은 높을 수밖에 없겠죠. 높은 가격에 팔기 위해서는 그에 상응하는 디자인과 성능을 제공해야 할 것이고요. 이렇게 해서 테슬라의 첫 제품은 보급형 세단이 아닌 높은 성능과 유려한 디자인을 갖춘 럭셔리 스포츠카가 된 겁니다. 결국 로드스터는 테슬라에게 가장 탁월한 선택이면서, 불가피한 선택이기도 했습니다.

첫 제품인 로드스터를 시작으로, 테슬라는 더 경제적인 자동차, 그리고 더더욱 경제적인 자동차로 순차적으로 제품군을 확장해나가겠다는 첫 번째 마스터플랜을 세우게 됩니다.

모델 3가 바꾼 자동차 업계 게임의 법칙

🚗 더 저렴한 가격에 더 나은 성능을

스포츠카를 만들어 벌어들인 돈으로, 경제적인 가격의 차를 만드는 것이 테슬라의 계획이었죠. 2,500여 대의 로드스터를 판매해 벌어들인 돈으로, 테슬라는 조금 더 저렴한 자동차 시장을 공략합니다. 2012년 프리미엄 세단인 모델 S, 2015년 프리미엄 SUV 모델 X를 내놓습니다. 출시 당시 모델 S는 7만 달러 후반, 모델 X는 8만 달러 초반, 약 1억 원에 가까운 가격대로 판매를 시작합니다. 10만 달러가 넘는 스포츠카였던 로드스터가 소수의 부자들을 타깃으로 한정 판매됐다면, 모델 S와 X는 조금 더 많은 수의 소비자를 공략할 수 있는 프리미엄 자동차 시장을 파고든 겁니다.

그리고 이렇게 경제적인 가격의 차를 만들어 벌어들인 돈으로

'더' 경제적인 가격의 차를 만드는 게 테슬라의 계획이었습니다. 테슬라는 2017년에는 보급형 세단인 모델 3, 2020년에는 보급형 SUV인 모델 Y를 내놓는데요. 모델 3는 3만 5,000달러, 모델 Y는 3만 9,000달러로 이전 모델과 대비해 파격적으로 낮아진 가격표를 달고 나옵니다. 이제는 벤츠나 BMW가 아닌, GM이나 포드, 폭스바겐, 토요타와 가격으로 경쟁할 수 있는 보급형 자동차 시장까지 내려온 겁니다. 이렇게 테슬라는 럭셔리 스포츠카 시장을 시작으로 프리미엄, 보급형 자동차 시장을 순차적으로 공략해나갑니다.

그런데, 여기서 주목해야 할 부분은 테슬라가 출시한 제품들의 성능입니다. 앞서 소개한 2008년 출시작 로드스터는 11만 달러의

테슬라 전기차 라인업 확대 전략

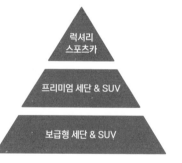

❶ 스포츠카를 만든다.

❷ 벌어들인 돈으로 경제적인 가격의
차를 만든다.

❸ 벌어들인 돈으로 더 경제적인 가격의
차를 만든다.

럭셔리
스포츠카

프리미엄 세단 & SUV

보급형 세단 & SUV

테슬라 전기차 제품 출시 연혁

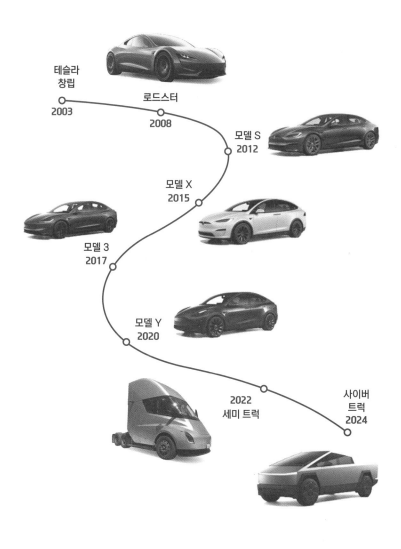

테슬라
창립
2003

로드스터
2008

모델 S
2012

모델 X
2015

모델 3
2017

모델 Y
2020

2022
세미 트럭

사이버
트럭
2024

가격으로 최고 시속 200km, 1회 충전당 주행거리 최대 394km의 성능을 제공했습니다. 하지만 2017년 출시된 3만 5,000달러의 모델 3 스탠더드 버전은 공개 스펙상 최고 시속은 209km에 달하고, 1회 충전으로 354km를 달릴 수 있습니다. 스탠더드보다 1만 달러 정도가 더 비싼 롱레인지 버전은 1회 충전으로 주행거리가 무려 500km에 달합니다.

정리하면, 테슬라 모델 3와 Y의 판매가는 로드스터 대비 3분의 1에서 절반 수준까지 낮아졌지만, 로드스터와 유사하거나 이보다 더 나은 성능을 제공합니다. 럭셔리 제품이 제공하던 수준의 주행 성능을, 훨씬 낮은 가격의 보급형 제품에서 구현해낸 겁니다. 이렇게 시간이 지나면서 제품의 성능은 개선되고 판매가는 낮아지는 사례는 매우 드문 일인데요. 특히나 자동차 업계에서는 더욱 놀랄 만한 일이었습니다. 이제까지 자동차 업계의 전통적인 룰은, 매년 개선된 성능의 자동차를 출시하고, 이와 함께 가격을 인상해 판매하는 것이었기 때문이죠. 더 나은 제품에는 더 높은 가격이 매겨지는 것이 자동차 업계의 '게임의 법칙'이었습니다. 어떻게 보면 합리적이고 당연한 일이죠.

그런데 테슬라는 이러한 관행을 파괴하며 자동차 업계에 새로운 룰을 제시합니다. 더 혁신적인 성능의 자동차를 더 저렴한 가격에 내놓은 겁니다. 이는 흡사 반도체 업계에서 널리 알려진 '무어의 법칙Moore's law'을 연상케 합니다. '반도체 집적회로의 성능이 2년마다 두 배로 증가한다'는 법칙인데요. 풀어서 이야기하면, 이론상 지금과 동일한 성능의 반도체를 2년 뒤에는 절반에 불과한 가격으로 구매할 수 있다는 뜻입니다. 반도체의 가격 대비 성능이 시간이 갈수록 향상되듯, 테슬라도 시간이 갈수록 더 저렴한 가격으로 더 나은 성능의 자동차를 내놓고 있다는 겁니다.

🚗 배터리가 만든 전기차 원가 혁신

어떻게 이런 일이 가능했을까요? 그 답은 '배터리 가격'에 있습니다. 배터리 팩의 성능은 최고 속도나 1회 충전당 주행거리와 같은 전기차 핵심 성능과도 직결됩니다. 가히 전기차의 상품성을 좌우하는 가장 중요한 부품이라 할 만하죠. 이런 배터리 팩의 가격이 너무 비싸다는 게 문제였는데요.

블룸버그NEF의 조사 결과에 따르면, 이런 리튬 이온 배터리 팩의 가격은 2010년까지만 해도 kWh(킬로와트시)당 780달러에 달했습니다. 전기차 한 대당 필요한 배터리 용량이 80kWh라고 가정하면, 대당 배터리 팩 가격만 6만 2,000달러, 한화로 무려 8,000만 원이 넘는 금액이었던 겁니다. 다행히 배터리 가격은 빠른 속도로 하

리튬 이온 배터리 팩 가격 추이

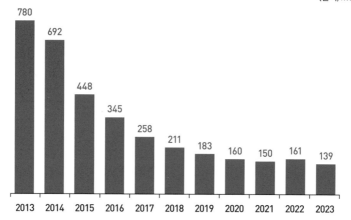

(달러/kWh)

출처: BloombergNEF

락하며 2023년에는 kWh당 약 139달러까지 내려옵니다. 10년 전과 비교하면 거의 5분의 1 수준으로 떨어진 것이죠. 업계에서는 이제 전기차와 내연기관차의 원가가 이론상 동일해지는 kWh당 100달러, 이른바 '가격 패리티Price Parity' 지점을 목표로 하고 있습니다. 배터리 원가가 가격 패리티 지점 이하로 내려가면, 이제껏 수십 년 동안 전기차 구매를 망설이게 했던 가격 열위가 사라질 것이라고 보는 겁니다.

사실 전기차에 탑재되는 리튬 이온 배터리는 근본적으로 원가절감이 쉽지 않습니다. 배터리 원가의 대부분을 희소 광물이 차지하고 있기 때문입니다. 배터리를 제조·판매하는 대표 기업인 SK온, LG에너지솔루션 등의 재무제표를 뜯어보면, 매출 대비 원재료 비중은 무려 60~70% 수준에 달하는데요. 이 원재료를 구성하는 대부분의 요소가 바로 니켈이나 코발트, 리튬 같은 광물입니다.

이런 종류의 광물들은 아직까지도 기계가 아닌 사람의 손으로 직접 채취하는 경우가 빈번합니다. 어린아이까지 투입해 곡괭이와 맨손으로 일일이 광물을 캐내 수레로 운반하는 겁니다. 그뿐만 아니라 소수의 국가에만 매장되어 있기에 생산 가능 지역도 매우 제한적인데요. 예를 들면, 코발트의 경우 전체 공급량의 약 70%를 아프리카의 콩고에서 생산합니다. 일시적으로 수요가 급등하거나 급락하면, 이에 맞게 공급량을 즉각적으로 조정하는 것이 쉽지 않고, 따라서 가격도 큰 폭으로 등락하게 됩니다. 실제로 2만 달러 내외를 맴돌던 코발트 가격은 2018년 9만 달러를 돌파하는데요. 다시 2020년에는 3만 달러대까지 추락하고, 2022년에는 8만 달러를 돌파했다가 또 4만 달러 이하로 떨어지며 요동치는 모습을 보여줍니다.

이런 장애 요소에도 불구하고 배터리 팩의 가격을 현재 수준까지 낮출 수 있었던 것은 '레시피' 혁신 덕분이었습니다. 음식에 비유하면, 요리에 필요한 재료의 단가 자체가 낮아지기 힘들다면, 레시피를 바꿔 기존 재료의 배합 비율을 조정하거나 새로운 재료를 사용하는 방식으로 원가를 낮춘 것입니다.

실제로 가격 대비 성능이 우수한 배터리를 만들기 위해 지금까지 무수히 많은 레시피 개발이 진행되어 왔습니다. 가격 변동이 심하고 비싼 코발트의 사용량을 줄인다든지, 저렴한 망간의 사용량을 늘린다든지, 아예 주재료로 흔한 광물인 철을 활용한다든지 하는 식으로요. 이런 노력들을 통해 긴 시간 동안 리튬 이온 배터리의 가격 대비 에너지 밀도는 비약적으로 향상될 수 있었습니다.

물론 어떤 기술이든 가만히 기다리기만 한다고 해서 혁신적으로 발전하는 것은 아닙니다. 리튬 이온 배터리에는 시장성이 있었기에 더 많은 연구자들이 뛰어들고 더 많은 연구 자금이 투입돼 이런 혁신이 가속화될 수 있었습니다. 전기차 시장이 점차 성장해 배터리 수요가 증가할 것을 충분히 예측할 수 있었기에 지속적으로 자금 투자와 연구 개발이 진행될 수 있었던 것입니다.

2000년대 초반 테슬라가 사업을 시작할 당시, 일론 머스크 역시 배터리 가격 하락에 의한 전기차 원가 하락을 예상했을 것입니다. 더 저렴한 전기차를 만들기 위해서는 조금 더 기다려야 한다는 것도요. 그렇기 때문에 일단 럭셔리 스포츠카로 시작해 배터리 가격 하락과 함께 점차 더 저렴한 제품을 내놓겠다는 계획을 세웠을 겁니다.

테슬라가 설립된 해는 2003년이고, 모델 3를 양산하기 시작한 해는 2017년입니다. 미래를 내다보고 계획을 세운 덕에, 테슬라는 모델 3를 양산하기까지 14년간 숱한 고비를 넘기고 생존할 수 있었습니다.

소프트웨어 엔지니어에게
제조업의 세계는 춥고 가혹했다

🚗 드디어 공개된 모델 3

일찍부터 테슬라에게는 스포츠카에서 시작해 보급형 모델로 순차적으로 제품군을 확대해나가겠다는 자신만의 생존 계획이 있었습니다. 이를 단계별로 실현해나가며 테슬라는 결국 전기차의 대중화를 주도하게 됩니다. 결과적으로 오늘날 많은 사람들은 테슬라의 마스터플랜이 굉장히 유효했다며 높이 평가하고 있는데요. 하지만 그 과정이 모두 순탄하기만 했던 것은 아니었습니다. 첫 번째 마스터플랜의 최종 목표인 '더 경제적인 가격'의 자동차, 모델 3의 양산을 앞두고 회사의 존폐가 걸린 커다란 위기에 봉착하게 됩니다.

2016년 대중에게 처음으로 공개된 모델 3는 더 경제적인 가격으로 더 많은 사람들에게 판매하는 것을 목표로 한 제품인 만

3만 5,000달러의 파격적인 가격대로 선보인 테슬라의 첫 보급형 세단, 모델 3

큼, 가장 기본형인 스탠더드 모델을 기준으로 3만 5,000달러라는 파격적인 가격표를 달고 나옵니다.

소비자들의 반응 역시 뜨거웠는데요. 공개 3일 만에 사전 주문 27만 6,000대를 돌파합니다. 모델 3가 공개되기 전까지 역사상 가장 많이 판매된 전기차인 닛산 리프Leaf의 판매량은 누적 20만 대 내외에 불과했습니다. 테슬라는 이틀도 채 안 되는 짧은 시간에 이 기록을 단숨에 경신해버린 거죠.

이처럼 시작은 성공적이었습니다. 하지만 예약 주문으로 쌓아 올린 신기록에 대한 박수 소리가 잦아들 무렵, 일론 머스크는 전에 없던 크나큰 난관을 마주합니다.

"우리는 생산 지옥에 깊이 빠졌습니다."

2017년 하반기, 처음 모델 3의 양산을 시작하면서 일론 머스크가 계획한 목표 생산량은 주당 5,000대였습니다. 나아가 2018년에는 매주 1만 대를 생산하고, 그다음 해에는 연간 총 50만 대를 고객들에게 인도하겠다는 것이 그의 목표였는데요.

현실은 처참하고 냉혹했습니다. 시간이 지나며 모델 3의 사전 예약은 40만 대를 돌파했지만, 2017년 테슬라는 고작 3분기에 220대, 4분기에 1,550대를 인도하는 데 그쳤습니다. 무엇이 머스크의 발목을 잡았던 것일까요?

생산공정의 과도한 자동화가 문제였습니다. 이전부터 일론 머스크가 줄곧 언급해온 이야기 중에 "기계를 만드는 기계를 만들겠다 Building machine that builds the machine"라는 말이 있습니다. 수십 년 동안 변하지 않은 전통적인 제조 공정을 혁신하고, 고도로 효율화된 높은 생산성의 공장을 완성해 이를 테슬라의 장기적 경쟁력으로 삼겠다는 의지를 드러낸 표현입니다.

생산성 혁신을 위해 일론 머스크가 선택한 방향은 '자동화'였습니다. 사람을 대신할 로봇을 투입해 비효율을 제거하고 생산 속도

를 높이려는 의도였는데요. 이를 위해 테슬라는 일본의 화낙^{FANUC},
독일의 쿠카^{KUKA} 등 유명 산업용 로봇 제조사로부터 로봇을 구매
해, 스탬핑^{Stamping}, 도색, 조립 등 여러 제조 공정에 투입합니다. 심
지어 미국의 퍼빅스^{Perbix}라는 이름의 산업용 로봇 제조 회사까지 인
수해버리는데요. 하지만 이러한 과도한 자동화 시도는 곧 무리수였
음이 증명됩니다.

테슬라의 생산을 담당했던 직원들의 인터뷰에 의하면, 조립, 도
장, 용접, 운반 등 공정을 막론하고 모든 기계가 하루에 몇 번씩이
나 고장이 나기 일쑤였습니다. 수백 대의 로봇에서 끊임없이 발생
하는 오류와 품질 불량 문제로 인해, 테슬라는 공장 가동을 여러 차
례 전면 중단시켜야 했습니다.

테슬라의 미래에 대해 비관적이었던 언론과 투자자들은 이때다
싶어 자극적이고 부정적인 보도를 쏟아냅니다. 전통 OEM^T들이
도맡아 해온 자동차의 대량생산은 일론 머스크 같은 풋내기가 쉽
게 할 수 있는 게 아니며, 테슬라가 부채 누적을 버티지 못하고 결
국 망할 것이란 이야기였습니다.

T   통상적으로 OEM은 위탁 생산을 수행하는 주문자 상표 부착 생산자^{Original Equipment}
^{Manufacture}를 의미합니다. 그러나 이러한 본래 의미와는 달리, 자동차 업계에서는 현대차,
기아와 같이 '자체 브랜드 제품을 직접 생산하는 자동차 제조사'를 통칭하는 관행적 표현으
로 사용되고 있습니다.

"맞습니다. 테슬라의 과도한 자동화는 실수였습니다. 정확히는 제 실수였습니다. 인간을 과소평가했습니다."

결국 일론 머스크는 로봇을 이용해 과도한 자동화를 시도한 것이 자신의 실수였음을 인정합니다. 기계보다 비효율적이라고 생각했던 인간의 노동력을 자신이 과소평가했다는 것이죠.

테슬라는 밀려있던 주문량을 맞추기 위해 다시 인력에 의존하는 방향으로 선회합니다. 공장 부지에 텐트까지 치고 임시 생산 라인을 설치해 전기차 생산에 박차를 가합니다. 일론 머스크 역시 생산라인 옆의 소파에서 숙식을 해결하며 샤워도 하지 못하는 고통스러운 나날을 보내면서, 이 시기를 '생산 지옥Production Hell'이라고 스스로 일컫기도 했는데요. 이러한 노력의 결과로 2018년 6월 마지막 주, 테슬라는 드디어 목표로 공언했던 주당 5,000대라는 생산량을 달성하며 생산 지옥에서 탈출합니다.[1]

🚗 품질 불량, '단차가 없으면 테슬라 정품이 아니다?'

생산 지옥에서 빠져나온 테슬라 앞에 또 다른 문제가 기다리고 있었습니다. 모델 3 판매량의 증가와 함께 테슬라의 고질적인 문제였던 품질 불량에 대한 원성과 비판이 커진 것입니다.

2020년 미국의 시장조사 업체 JD 파워에서 진행한 미국 내 자동차 품질 조사 결과, 테슬라는 전체 조사 대상 32개 사 중 '최하위'인 32위를 기록합니다. 100대당 불만 건수 250건을 기록하며, 평균치인 166건을 압도적으로 상회한 것입니다.[2]

실제로 미국뿐 아니라 한국에서까지, 초기 출시된 모델 3는 '단차Panel Gap' 문제로 악명이 높았는데요. 단차란 차량의 패널과 패널 사이의 간격이 지나치게 벌어지고 아귀가 맞지 않는 상태를 말합니다. "단차가 없으면 테슬라 정품이 아닌 짝퉁이다"라는 말이 있을 정도로, 모델 3를 인수하는 차주들의 다수가 단차를 기본 옵션으로 받아들이는 분위기였습니다.

모델 3의 문제는 단순히 단차에 그치지 않았습니다. 차체 도색이 제대로 되지 않아 표면이 오렌지 껍질처럼 울퉁불퉁하게 일어나는 '오렌지 필Orange Peel' 현상이라든지, 주행 중에 터치스크린이 먹통이 되고 심지어 핸들이 통째로 빠져버리는 등 곳곳에서 여러 문제가 발견되며 논란이 됩니다.

사실 이런 결함은 비단 모델 3에만 국한된 것은 아니었습니다. 과거 로드스터나 모델 S, 그리고 모델 X에서도 계속해서 발생해왔던 문제들이었습니다. 실제로 자동차의 초기 조립이 완료된 후 진행하는 내부 불량 검사 시, 모델 S와 X의 불량률은 무려 90%에 달했다고 합니다. 높은 품질로 유명한 토요타의 경우 이 수치가 10% 수준에 불과하죠.[3] 이 정도로 불량이 많다는 것은 미처 찾아내지 못한 포인트가 있거나 찾아내고 나서도 미처 완벽하게 수리하지 못한 포인트가 존재한다는 뜻이기도 합니다. 이처럼 모델 S와 X부터 테슬라의 조립 품질은 그리 우수하지 못했습니다. 단지 모델 3에 비해 더 많은 대중에게 조명받지 못했을 뿐이었습니다.

로드스터에서 모델 S와 X로, 그리고 다시 모델 3로 가면서 테슬라의 고객은 점차 '얼리어답터'에서 '일반 대중'으로 확대되었습니다. 단 2,500여 대가 팔린 초기 로드스터를 구매한 고객들의 다수는 테슬라의 투자자 또는 일론 머스크의 부유한 지인들이었습니다. 또 로드스터는 테슬라의 첫 제품이자 시제품이기도 했고요. 그렇기 때문에 다소 결함이 있더라도 속는 셈 치고 눈감아줄 수 있었고, 유망한 기업에 시드머니를 투자한다고 여길 수 있었을 겁니다. 모델 S와 X 역시 그 연장선에서 이해할 수 있고요.

하지만 모델 3의 경우는 그렇지 않습니다. 앞서 출시한 럭셔리, 프리미엄 제품들과 달리, 모델 3는 일반 대중을 타깃으로 한 보급형 세단입니다. 미국을 벗어나 유럽, 중국 등 세계 등지에서 수백만 대 규모의 판매를 목표로 하고 있고요. 로드스터나 모델 S, X와 다르게 이 고객들의 대부분은 일론 머스크의 추종자가 아닌 일반 소비자일 겁니다. 따라서 품질 문제와 관련해 수용할 수 있는 수준 역시 이전 고객들보다는 낮을 수밖에 없습니다.

　실제로 보급형 모델 출시 이후 테슬라 품질 이슈에 대한 논란과 사건이 눈덩이처럼 불어납니다. 모델 3 다음으로 출시된 모델 Y에서도 연일 결함이 발견되며, 이로 인해 온라인 커뮤니티에서는 예약 주문을 취소하겠다고 말하는 소비자들까지 나타납니다. 또한 2020년 5월, 캐나다에서는 눈길에 뿌려 놓은 모래와 소금이 튀자, 모델 3 차체의 페인트가 쉽게 벗겨지는 문제가 발생해 테슬라를 상대로 소비자들의 집단소송이 제기되기도 합니다.

🚗 IT 서비스업의 관점에서 자동차를 바라본다

테슬라에 생산 지옥이나 품질 불량 같은 문제가 발생한 근본적 원인은 무엇일까요?

　테슬라의 제조 능력이 벤츠나 BMW, 토요타 등의 경쟁자들에 한참 미치지 못하는 것은 당연합니다. 일찍이 1900년대 초반부터 자동차를 개발·생산해온 전통 제조사들의 역량과 노하우를 이제 막 양산을 시작한 테슬라가 따라가지 못하는 것은 자연스러운 일이죠. 본격적으로 운동을 시작한 지 얼마 되지 않은 초등학생이 전국체전 100m 달리기 대회에 나가서 입상할 수 있을까요? 이와 마찬가지의 문제입니다.

하지만 일론 머스크는 기존 자동차 회사들과 업業을 바라보는 본
질적인 관점 자체가 다릅니다. 테슬라의 CEO로 일하기 전, 간편
결제 서비스인 페이팔의 공동 창업자이자 실리콘밸리의 소프트웨
어 엔지니어였던 그는 기존 자동차 제조 업체의 경영진과 전혀 다
른 시각을 갖고 있습니다. 벤츠, 토요타 등 기존 업체들이 자동차
산업을 제조업으로 바라본다면, 테슬라는 이를 IT 서비스업의 관
점으로 바라봅니다.

전통 제조업의 특징은 한번 생산되고 나면 수정이 힘들다는 겁
니다. 판매한 제품에 문제가 생기면, 반드시 대규모 리콜을 통해 제

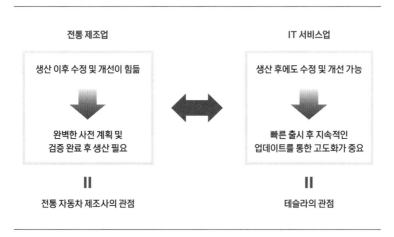

전통 제조업 vs IT 서비스업 관점 비교

전통 제조업

생산 이후 수정 및 개선이 힘듦

완벽한 사전 계획 및
검증 완료 후 생산 필요

=

전통 자동차 제조사의 관점

IT 서비스업

생산 후에도 수정 및 개선 가능

빠른 출시 후 지속적인
업데이트를 통한 고도화가 중요

=

테슬라의 관점

품을 회수하고 천문학적인 비용의 보상을 치러야 합니다. 만들어 낸 제품이 고객의 반응을 얻지 못하면, 손실을 안고 폐기하거나 혹은 염가에 처리해야 하고요. 또 공정에 문제가 있다면, 라인을 멈추고 설비를 완벽하게 수리해야 합니다. 이 과정에서 발생하는 생산 중단에 따른 기회비용과 설비의 점검·교체에 따른 막대한 비용 역시 만만치 않습니다. 그렇기 때문에 전통 제조업에서는 처음부터 '완벽한 제조 공정'과 '고객이 원하는 제품'을 사전 계획하는 것이 중요합니다. 고객이 좋아할 제품을 기획하고 나면, 샘플을 만들어 품질과 양산성을 테스트하고, 이를 통해 다시 샘플을 만들고 테스트하는 과정을 여러 차례 반복해야만 합니다. 양산 후 문제가 발생하지 않을 것을 확인하고 나서야 비로소 제품을 출시하고 대량생산에 나섭니다.

반대로 IT 서비스업의 특징은 생산 이후에도 얼마든지 수정이 가능하다는 겁니다. 하드웨어가 아닌 소프트웨어를 판매하기에 제품에 문제가 생기면 코드를 수정해 다시 시장에 배포할 수 있습니다. 이에 따른 유통과 수리 비용은 제조업에 비하면 지극히 낮은 수준입니다. 또한, 고객이 출시된 제품을 좋아하지 않는다 해도 기능을 개선하고 고쳐서 운영 방향을 전환할 수 있습니다. 그렇기 때문에 IT 서비스업에서는 철저한 사전 계획보다, 제품의 '출시 이후'가 중요합니다. 일단 빠르게 선보이고 나서 지속적인 피드백을 거쳐 시장과 고객에 적합한 맞춤형 제품으로 진화해나가는 것이 업의 핵심입니다. 하드웨어(전통 제조업)에 비유하자면, 검증이 끝나지 않았더라도 일단 양산을 시작하고 나서 이후에 문제점이 발견될 때마다 계속해서 수리해나가는 겁니다.

위와 같은 IT 서비스업의 관점을 갖고 있기 때문에, 테슬라는 일단 빠르게 움직이고 봅니다. 생산공정을 자동화해줄 로봇이 정확하게 작동할지 충분한 검증이 되지 않았을지라도, 일단 가동하고 테스트하면서 고쳐나가면 될 것이라고 생각했을 겁니다.

하지만 이러한 방식이 자동차 제조 과정에서 제대로 먹혀들지 않으면서, 테슬라에게 가혹한 생산 지옥이 열렸습니다. 페이팔 같은 소프트웨어 기반 서비스와 달리, 실제 공장에서는 코드 몇 줄을 수정하는 것만으로는 로봇이 작업을 정확히 수행하도록 만들기가 쉽지 않았습니다. 더욱이 로봇이 한번 작동 오류를 일으키면, 개발자의 스트레스만 쌓이는 게 아니었을 겁니다. 더 이상 사용할 수 없는 반제품 재고도 함께 쌓이다 결국 폐기되면서 재무제표에 고스란히 뼈아픈 손실로 기록되었을 겁니다. 그렇다고 정확한 개선과 수정 작업을 위해 공장을 멈춰 세우자니 생산 목표 달성이 다급한 상황이었고요. 공장을 그대로 계속 가동하자니, 한번 잘못 만들어진 제품을 수정하는 데 드는 시간과 비용 또한 만만치 않았을 테죠.

품질 불량 문제도 아마 유사한 원인으로 발생하지 않았을까요?

마음이 급했던 테슬라는 품질에 문제가 있더라도, 안전에 치명적인 문제가 아닌 이상 일단 고객에게 인도한 후에 나중에 고쳐주면 될 것이라고 판단했을 겁니다. 특히나 테슬라는 여타 경쟁사 제품과 달리 OTA^{Over-the-air}🕿 기능을 통해 원격 소프트웨어 업데이트가 가능하니 이런 선先인도, 후後개선하는 방식의 운영이 가능했기 때문입니다. 하지만 OTA 기능으로 고칠 수 있는 오류에는 한계가 분명히 존재합니다. 예를 들면 부품 간의 결합 상태라든지, 자동차의 외장 페인트 품질과 같은 물리적 문제는 소프트웨어 업데이트만으로는 해결할 수 없죠. IT 서비스처럼 출시 후 원격 업데이트로 쉽게 문제를 해결하는 접근법은 적용될 수 없다는 겁니다.

이러한 문제점과 한계를 인지하고 있음에도 불구하고, 테슬라는 제품 출하를 강행할 수밖에 없었을 겁니다. 모델 3 출시 당시, 생산과 판매 속도는 테슬라의 생존과 직결된 문제였습니다. 모델 3 양산을 처음 시작할 때만 하더라도, 월가의 애널리스트들은 한목소리로 테슬라가 생산 지옥으로 인해 곧 파산할 것이라고 외쳤습니다. 테슬라는 매 분기 한 대라도 더 팔아야만 살아남을 수 있는 위태로운 상황에 놓여있었습니다.

🕿 무선통신 기술을 통해 실시간으로 소프트웨어를 업데이트하는 기술. OTA가 적용된 차량은 정비소와 같은 물리적 공간에 방문할 필요 없이, 운전자가 관련 정보를 전송받아 곧바로 소프트웨어 업데이트를 진행할 수 있습니다.

따라서 제품에 문제가 있어도 오래 지체할 수 없었습니다. 무엇이든 일단 빨리 설비를 가동하고 제품을 판매하면서 고쳐나가야 했습니다. 설사 OTA로 고칠 수 없는 단차나 도장 문제가 있더라도, 일단 소비자에게 인도하고 나중에 수리를 해주는 방향으로 갈 수밖에 없었을 것입니다.

🚗 생산 지옥을 거치며 시작된 혁신

그렇다고 해서 테슬라가 이러한 생산과 품질 문제를 마냥 방관해 온 것은 아닙니다. 이후 더 자세하게 다루겠지만, 테슬라는 단순히 개별 공정과 로봇을 수정하고 보수하는 데 그치지 않고, 근본적인 원인을 찾아내 이를 제거하려는 시도들을 시작합니다.

일례로 모델 Y 출시 이후 테슬라는 거대한 주물기로 차체를 통째로 찍어내는 새로운 시도를 하게 됩니다. 모델 Y 이전 출시됐던 모델 3의 후방 하부 차체는 70개의 크고 작은 금속 부품을 따로 만든 후에 이를 이어 붙여 만들어졌는데요. 이 조립 과정에서 갖가지 시행착오와 품질 이슈가 발생하면서, 아예 조립 자체가 필요 없도록 차체를 하나의 커다란 형태로 찍어내려 한 겁니다. 테슬라는 이러한 차체를 만들어낼 거대한 주물기를 직접 개발해 특허까지 신청합니다.

또한 뒤에서 자세히 다루겠지만, 테슬라의 최신 제품인 사이버
트럭은 설계상 별도의 도장 공정을 필요로 하지 않습니다. 붉은색,
검은색 등의 페인트칠을 하지 않고, 은색 강철 차체를 그대로 드러
내도록 처음부터 디자인한 겁니다. 도장이 필요 없다면, 차 한 대를
완성하는 데 필요한 시간이 대폭 줄어드는 건 물론이고, 앞서 언급
했던 오렌지 필과 같은 도장 품질 문제도 발생하지 않겠죠.

돌이켜보면 모델 3를 양산하며 겪은 우여곡절과 시행착오는 테
슬라가 자동차 제조 공정을 혁신하고 생산 효율을 극대화할 수 있
는 밑거름이 되었습니다. IT 회사의 마인드로 전통 제조업을 얕봤
던 테슬라는 제조업에 대해 빠르게 배워왔습니다. 그 덕에 수십 년
동안 변하지 않았던 자동차 제조 공정에 새로운 시도를 시작할 수
있게 됩니다.

"분명히 말하자면, 테슬라 직원들은 제조를 사랑합니다. 똑똑한 사람
들이 더 많이 제조업에 뛰어들어야 합니다."

2012년 2,600여 대가 전부였던 테슬라의 출하량은 모델 3와 Y의 대량 양산을 시작하며 매년 놀라운 속도로 성장합니다. 2018년 25만 대, 2020년 50만 대, 2022년 131만 대에 이어, 2023년에는 180만 대를 판매했습니다. 뿐만 아니라, 테슬라 모델 Y는 토요타, 포드 등 전통 내연기관 경쟁사의 자동차들을 제치고 2023년 세계에서 가장 많이 팔린 자동차 모델 1위 자리에 등극합니다.[4]

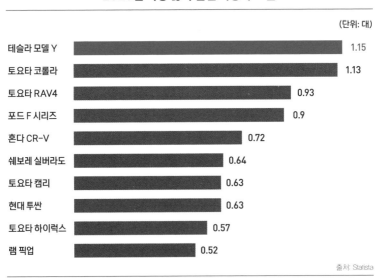

2023년 가장 많이 팔린 자동차 모델

(단위: 대)

테슬라 모델 Y	1.15
토요타 코롤라	1.13
토요타 RAV4	0.93
포드 F 시리즈	0.9
혼다 CR-V	0.72
쉐보레 실버라도	0.64
토요타 캠리	0.63
현대 투싼	0.63
토요타 하이럭스	0.57
램 픽업	0.52

출처: Statista

이와 함께 글로벌 전기차 시장도 급속도로 성장하고 있습니다. 2013년 21만 대 수준이었던 글로벌 전기차 판매 대수는 2023년에는 무려 1,400만 대가 넘는 규모로 성장했습니다. 글로벌 자동차 제조사들도 점차 내연기관 생산을 중단하고 100% 전기차로 전환하겠다는 목표를 경쟁적으로 제시하기 시작했습니다. GM[5]과 폭스바겐[6]은 2035년, 현대차[7]는 2040년까지 미국, 유럽, 중국 등 핵심 시장에서 전기차만 100% 판매한다는 목표를 세우고 있습니다. 어

글로벌 전기차 판매 대수

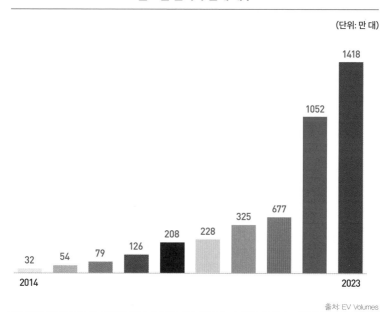

(단위: 만 대)

출처: EV Volumes

느덧 전기차에 대한 조롱과 의심은 사라지고, 이제 많은 사람들이 "전기차가 모빌리티의 미래가 될 것이다"라는 인식을 공유하게 됐습니다.

물론 이 모든 변화가 100% 테슬라 덕분이라고 말하기는 어렵습니다. 하지만 테슬라가 자동차 시장에서 '메기 효과'를 일으키며 전기차로의 전환을 주도한 것은 누구도 부인하기 힘들 겁니다.

2006년 처음으로 마스터플랜을 공개할 당시, 과연 일론 머스크는 전기차의 대중화에 성공할 수 있겠다고 확신했을까요? 아마 자신도 반신반의하지 않았을까요. 그럼에도 불구하고 이 모든 것을 철저한 계획하에 도전적으로 실행해 결국 원하는 바를 이뤄냈다는 사실이 놀랍고 신기할 따름입니다.

2

두 번째 계획:
미래 모빌리티 시장을 열다

두 번째 마스터플랜

2016

1. 배터리 저장 시스템이 끊김 없이 매끄럽게 통합된 멋진 솔라 루프를 생산한다.

2. 모든 차종을 커버하기 위해 전기 자동차 제품군을 확장한다.

3. 대규모 차량 학습을 통해 수동 운전보다 10배 더 안전한 자율주행 기능을 개발한다.

4. 차량을 사용하지 않을 때도 차를 통해 수익을 창출할 수 있게 한다.

테슬라에게 에너지 사업이
필연적인 이유

🚗 전기차보다 더 큰 잠재력을 지닌 에너지 산업

두 번째 마스터플랜의 첫 번째 계획은 재생에너지 발전·저장 시스템을 만드는 것입니다. 언론에서는 전기차에만 주목하지만, 테슬라는 재생에너지 사업도 전개하고 있습니다. 공시 보고서에도 'Energy generation and storage(에너지 생산과 저장)'라는 이름으로 구분해 별도로 명기하고 있는데요. 간단히 말하면 솔라루프 Solar roof, 파워월 Powerwall, 메가팩 Megapack 과 같은 태양광발전 설비와 에너지 저장 시스템을 연계해 판매하는 사업입니다.

사실 에너지 사업은 일론 머스크의 첫 번째 마스터플랜에서부터 계획될 정도로 중요하고 또 오래됐습니다. 전기차 사업의 눈부신 성장에 가려져 항상 주목받지 못했을 뿐입니다. 실제로 2023년

실적 기준 테슬라의 에너지 사업 연간 매출은 60억 달러(한화 약 7조 8,000억 원) 수준으로 전체 매출의 약 5% 비중에 그쳤는데요. 재미있는 점은 일론 머스크가 에너지 사업을 대하는 태도입니다.

"테슬라 에너지 사업의 성장 가능성에 대해 제대로 된 이해나 평가가 되지 않고 있다고 생각합니다. 장기적으로는 에너지 사업이 자동차와 거의 비슷한 규모가 될 것입니다."

일론 머스크가 말한 에너지 사업의 잠재력은 무엇을 뜻하는 걸까요? 어떠한 논리로 그는 테슬라 에너지 사업이 성장할 거라고 보는 걸까요?

최근에는 찾아보기 힘들어졌지만, 사실 몇 년 전까지만 해도 '전기차가 정말 친환경적인가?'에 대한 논란이 많았습니다. 운행 중 배기구를 통해 배출되는 탄소는 제로에 가깝지만, 그 연료로 사용되는 전기를 생산하는 과정에서 많은 양의 이산화탄소가 배출될 수 있기 때문인데요.

실제로 서울대학교 기계공학부 송한호 교수의 연구 결과에 따르면, 연료의 생산부터 사용까지 생애 주기 전체를 고려한 프로세스인 LCA Life Cycle Assessment 관점에서 봤을 때, 석탄 발전으로 생산한 전기를 사용하는 전기차는 가솔린 하이브리드 차량보다 10% 이상 많은 탄소를 배출합니다. 천연가스로 발전한 전기를 사용하는 전기차의 경우에도 일반 내연기관의 약 절반에 달하는 다량의 탄소를 배출했다고 합니다.[8]

친환경 에너지를 통한 전력 생산이 동반되지 않는다면, 전기차 보급은 탄소 배출구를 자동차에서 발전소로 옮기는 눈속임밖에 되지 않을 수도 있습니다. 이러한 이유로 전기차 보급은 친환경 에너지 사용 확대와 떼려야 뗄 수 없는 관계입니다.

다행인 것은 전기차 보급에 발맞춰 친환경 발전의 비중도 전 세계적으로 급성장하고 있다는 사실입니다. 국제에너지기구[IEA]에 따르면, 2026년까지 재생에너지 발전 가능 용량이 2020년 대비 60% 이상 성장해, 화석연료와 원자력 용량을 합친 것과 비슷한 수준에 다다를 예정입니다. 그뿐만 아니라, 현재 계획대로라면 2026년까지의 전 세계 발전 설비의 신규 증설분 중 95%는 재생에너지 발전이 될 것으로 보입니다.[9]

실제로 세계 각국에서도 공격적인 재생에너지 보급 정책을 내놓고 있습니다. 중국 정부는 비非화석 에너지 사용 비중을 2025년까지 20%로 늘리고, 2030년엔 25%, 2060년엔 80%까지 늘리겠다고 발표했습니다.[10] 미국 역시 바이든 정부에서 2035년까지 탄소를 배출하지 않는 전기 생산으로 100% 전환하겠다고 발표했고요.[11] 이렇듯 화석연료의 퇴출과 친환경 발전의 확대는 전기차 보급과 함께, 이제 더 이상 거스를 수 없는 대세이자 정해진 미래라고 도 볼 수 있습니다.

🚗 재생에너지 발전은 어떤 모습으로 성장할까?

태양광, 풍력 발전이 지금의 석탄, 석유 발전 시설을 대체할 정도로 크게 늘어난다면, 그 보급 양상은 과거 화석연료 발전과는 전혀 다른 모습으로 전개될 가능성이 높습니다.

크게 두 가지 특징을 꼽아볼 수 있는데요.

❶ 소규모 분산 발전 시설의 증가

우리에게 익숙한 화석연료 위주의 전통적인 전력망 시스템의 주인 은 대형 발전 사업자였습니다. 단일 사업자가 수요처인 도시 근처 에 대규모 석탄, 석유 화력발전소를 세우고, 규모의 경제를 활용해 공급 비용을 낮춘 저렴한 가격의 전기를 독점적으로 공급하는 방 식이었죠.

그렇다면 재생에너지도 이와 100% 동일한 방식을 따라갈 수 있 을까요?

일단 기존 화석연료 발전소처럼 거대한 태양광, 풍력 발전소를 곳곳에 세운다고 가정해볼까요? 일조량이나 풍속 등 자연조건을 고려해 건설해야 하는 재생에너지 발전소의 특성상, 수요처인 도시와 동떨어진 도서·산간 지역에 위치할 가능성이 높습니다. 여기서 생산한 전기를 수요처까지 나르기 위해선 재생에너지 발전소만을 위한 송배전 인프라를 전국에 새로 깔아야 합니다. 멀리 떨어진 도시까지 전기를 끌어오는 과정에서 발생하는 송전 손실도 무시할 수 없겠죠.

이런 비용을 종합적으로 고려하면, 차라리 수요처 인근에 소규모 발전 시설을 설치해 각자 필요한 전기를 만들어 쓰는 방법도 생각해볼 만합니다. 대규모 발전 시설에 전적으로 의지하기보다, 가정마다 혹은 공장마다 소규모 태양광발전 시설을 설치해 사용하는 일이 훨씬 더 익숙해질 겁니다.

❷ 간헐성으로 인한 전력 부족과 손실 사태 증가

전문가들이 꼽는 재생에너지의 가장 큰 단점은 '간헐성'입니다. 원하는 양의 전기를 원하는 시간에 생산할 수 있는 화석연료 발전 방식과 달리, 자연환경 변화에 의존하는 발전 방식의 특성상 발전량과 시간을 뜻대로 통제할 수 없다는 겁니다. 예를 들어, 태양광발전은 낮 시간대에 발전량이 집중되고, 해가 뜨지 않는 밤에는 전기를 생산할 수 없죠. 또 풍력발전은 바람의 세기가 시시각각으로 달라지고 기상이변에 취약해 정확한 발전량을 예측하기 어렵고요.

따라서 재생에너지는 항상 수요보다 부족하거나 혹은 많은 양의 전기를 생산할 수밖에 없는데요. 실제로 기상이변으로 인해 재생에너지 발전에 문제가 생겼다는 뉴스들이 지구 곳곳에서 들려오고 있습니다.

2022년 여름, 전체 발전량의 15% 내외를 태양광·태양열에 의존하는 미국 캘리포니아에서는 기록적인 폭염으로 인해 급증한 냉방 전기 수요를 감당하지 못해 전력 부족 사태가 발생했습니다. 또 전체 발전량의 25%를 풍력에 의존하는 영국에서는 2021년 여름, 바람이 갑자기 멈추는 바람에 전력 부족으로 전기료가 7배 급등하는 일이 벌어졌습니다.

반대로 전기가 남는 것도 문제입니다. 실제로 약 40%의 전력 생산을 재생에너지에 의존하고 있는 독일에서는 해마다 6,500GWh(기가와트시)의 전기가 과잉생산되어 버려지고 있습니다. 이 정도면 무려

출처: 폭스바겐 파워 데이(Power Day) 발표 자료

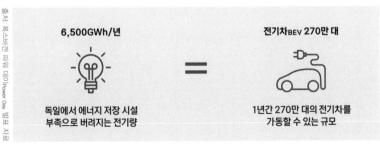

6,500GWh/년

전기차BEV 270만 대

=

독일에서 에너지 저장 시설 부족으로 버려지는 전기량

1년간 270만 대의 전기차를 가동할 수 있는 규모

270만 대의 전기차를 1년 동안 충전해서 달릴 수 있는 양이라고 하니, 이 역시 결코 무시할 수는 없습니다.[12]

이렇게 전력 공급과 수요의 비대칭으로 인한 전력 부족 혹은 과잉 문제는 향후 재생에너지 발전 비중이 높아지면서 점점 심해질 것으로 예측되고 있습니다. 이런 문제로 인해 '결코 화석연료 발전을 포기할 수 없다', 혹은 '원자력발전의 비중을 늘려야 한다'는 의견도 나오고 있는 상황이고요.

재생에너지 시대의 전력망 관리 시스템

이런 문제들 때문에, 재생에너지가 보급될수록 한 도시나 국가의 전력망 관리자는 머리가 지끈지끈 아파올 겁니다. 한두 개의 대규모 화력발전소가 한 도시의 전력 공급을 책임지던 과거와 달리, 중소 규모 발전소의 숫자가 급격하게 늘어나면서 각각의 발전량과 시간을 통제하는 게 힘들어지기 때문입니다.

이렇게 복잡도가 현저히 높아진 상황에서, 블랙아웃을 막고 조금이라도 더 저렴하게 전기를 공급하기 위해서는 전력 부족 혹은 과잉을 예측할 수 있어야 합니다. 그리고 유휴 전력을 필요한 곳으로 적시에 보내거나 저장해둘 수 있어야 하겠죠.

반대로 발전소를 운영하는 개별 사업자나 가정의 입장에서는 경제적 이익을 창출하고자 하는 니즈도 생겨날 겁니다. 남는 전력을 버리기보다 누군가에게 판매해서 쉽게 수익을 낼 수 있다면 이를 굳이 마다할 사람은 없을 텐데요. 그런 이유로 전기가 부족할 때는 가장 저렴한 비용으로 사 온다거나, 판매할 때는 가장 비싸게 팔 수 있는 대상을 선정하는 등 고도화된 관리 시스템에 대한 니즈도 생겨날 겁니다.

🚗 테슬라의 해결책

일론 머스크는 이런 재생에너지 시대가 찾아올 것을 이미 알고 있었던 것일까요? 일찍이 2006년과 2016년, 두 차례의 마스터플랜을 바탕으로 재생에너지 보급이 확대되며 발생하는 새로운 수요를 정확히 공략하는 제품들을 계획해왔습니다.

❶ 지붕형 태양광발전 시설, '솔라루프'

앞서 수요처 인근에서 필요한 전기를 직접 생산해서 쓰는 소규모 발전 시설에 대해 언급했는데요. 아파트보다 개인용 주택이 일반화된 미국에서는, 주택 지붕에 태양광 패널을 붙여 전기를 만들어 쓰는 모습이 더 이상 낯설지 않습니다.

하지만 기존 태양광 패널에는 큰 문제가 하나 있었습니다. 어이없지만 중요한, 외관이 '못생겼다'는 것이었습니다. 지붕에 태양광 패널을 부착해놓은 모습이 밖에서 보기에 썩 멋지지 못했고, 주택의 미관을 해쳤는데요. 이런 미관상의 문제가 태양광 패널 보급의 걸림돌 중 하나였습니다.

"전기차가 매력적인 제품으로 변한 것처럼, 태양광 패널도 멋지게 변해야 합니다."

이런 문제를 해결하기 위해, 테슬라는 2016년 10월 지붕과 태양광 패널을 일체화한 '솔라루프'라는 제품을 공개합니다. 지붕 타일 속에 태양광 패널을 내장해 외관을 개선한 제품인데요. 실제로 솔라루프 타일은 겉으로만 보면 이게 태양광 패널인지 알 수 없을 정도로 자연스럽고 멋스럽습니다.

그뿐만 아니라 테슬라 제품 출시 발표 행사에서 언급한 자체 실험 결과에 따르면, 솔라루프는 일반 지붕 타일보다 내구성도 좋고 단열 효과도 우수하다고 합니다. '건물이 오래돼 무너져도 지붕은 남아있을 것'이라고 할 정도로 자신감을 보였는데요. 아직 솔라루프가 보급된 지 10년도 채 되지 않았으니, 그 말이 진짜인지는 조

솔라루프가 설치된 주택의 모습. 겉으로 보면 태양광 패널인지 일반 지붕인지 분간하기 힘들 정도로 자연스럽습니다.

금 더 두고 봐야 할 것 같습니다.

❷ 에너지 저장 시스템, '파워월과 메가팩'

재생에너지 발전은 그 발전량과 시간대를 조절할 수 없다는 문제가 있었죠. 이를 해결하기 위해선 보완재로 에너지 저장 시스템ESS, Energy Storage System이 필요합니다. ESS는 말 그대로 생산된 전력을 저장해두는 배터리 시스템을 말하는데요. 쉽게 이야기해 핸드폰의 보조 배터리 같은 개념입니다. 낮에 과잉생산해서 남은 전기는 ESS에 저장해두었다가 전기가 생산되지 않는 밤에 사용할 수 있습니다. 또 거꾸로 요금이 저렴한 시간대에 생산된 전기를 저장해두었다가, 요금이 비싼 피크 시간대에 사용하며 전기료를 절감할 수도 있겠죠. ESS를 활용하면 재생에너지의 간헐성을 보완하면서, 전기를 좀 더 저렴한 가격으로 유연하게 사용할 수 있게 됩니다.

하지만 기존 ESS용 배터리는 비싸고, 수명이 짧고, 고장이 잘 나는 등의 문제로 보급하는 데 한계가 있었습니다. 이에 대한 해결책으로, 테슬라는 2015년 가정용 ESS '파워월'과 산업용 ESS '파워팩'을 공개합니다. 기존 제품보다 저렴하고, 설치가 간편하고, 확장이 용이하고 안전하다는 장점을 자랑했는데요. 실제로 제품 공개 행사장의 전력을 파워팩의 배터리에 저장된 재생에너지로만 공급하면서 그 성능을 뽐내기도 했습니다.

이렇게 공개된 제품을 바탕으로 테슬라는 2017년 호주 혼즈데일에서 100MW(메가와트) 규모의 세계 최대 ESS 프로젝트를 수주합니다. 실제로 테슬라 메가팩을 통해 호주 소비자들은 2018년 2,610만 달러(당시 기준 약 290억 원), 2019년 7,580만 달러(약 840억 원)에 달하는 거액의 전기 요금을 절약할 수 있었습니다.[13] 또 최근에는 2021년 전력난이 닥쳤던 텍사스에 대규모 메가팩 시설을 설치한 모습을 공개했습니다. 세계적으로 테슬라 ESS에 의존하는 전력망이 계속해서 늘고 있습니다.

❸ AI 기반 가상 발전소, '오토비더'

앞서 재생에너지가 보급되면 발전원이 탈중앙화되고, 그 숫자가 늘어나면서 관리가 까다로워질 것이라고 말했습니다. 테슬라는 이 문제를 자신들이 가장 잘하는 방식으로 해결하려 합니다. 바로 소프트웨어인데요. 테슬라가 제공하는 옵티캐스터Opticaster, 마이크로그리드 컨트롤러Microgrid Controller 등의 소프트웨어 제품은 AI를 활용해 가장 최적화된 방식으로 전력망을 가동할 수 있도록 돕습니다. 발전량과 소비량을 예측해서, 가장 효율적인 시간대에 저렴한 비용으로 전력을 생산할 수 있도록 자동으로 조정합니다.

그중 가장 널리 알려진 것이 오토비더Autobidder라는 제품입니다. 오토비더는 전력 생산자가 잉여 전기를 판매해 수익을 올릴 수 있도록 돕는 프로그램입니다. 흡사 AI 주식 트레이딩 프로그램을 연상케 하는데요. 실시간으로 전력 가격, 생산량 등을 예측해 가장 높은 가격으로 전력을 판매해 수익을 올릴 수 있습니다. 오토비더는 이미 앞서 언급한 호주 혼즈데일 메가팩 시설에서 운용되면서 성공적으로 수익을 내고 있습니다.

🚗 테슬라는 돈이 몰리는 길목에 서있다

재생에너지의 전 세계적 보급 확대와 함께 테슬라의 에너지 사업도 급성장하고 있습니다. 일례로 ESS의 경우 2017년 358MWh(메가와트시) 수준에 불과했던 연간 설치 규모가 2022년에는 6,541MWh로 5년 만에 18배에 달하는 규모로 성장했습니다.

과거 대비 성장률뿐 아니라, 경쟁자들과 비교해봐도 테슬라의 에너지 사업은 의미 있는 성과를 보여줍니다. 시장조사 기관 우드 매켄지Wood Mackenzie의 조사에 따르면, 2022년을 기준으로 테슬라는 북미 ESS 시장에서 약 25%에 달하는 점유율을 차지하는 1위 사업자 자리에 올라섰습니다. 글로벌 시장에서도 약 14%의 점유율을 기록하며 3위를 달성하고요.[14] 전기차 사업에 밀려 시장의 주목을 받지도 못했고 테슬라 내에서도 후순위로 전개하고 있는 사업임을 감안하면, 생각보다 놀라운 성과입니다.

이런 점에서 테슬라 에너지 사업의 미래 역시 기대하지 않을 수 없습니다. 주식 투자자들 사이에는 "돈이 몰리는 길목에 서 있기만 하면 돈은 저절로 벌린다"는 말이 있습니다. 점점 더 많은 돈이 재생에너지로 몰리고 있고, 이 흐름은 지금보다 훨씬 더 커질 것이 분명합니다. 그리고 테슬라는 오래전부터 마스터플랜을 계획하며 그 길목에 서서 돈을 벌 준비를 해왔습니다. 재생에너지를 활용한 발전기, 이를 저장할 수 있는 ESS, 그리고 이 모든 시스템을 관리할 수 있는 AI 소프트웨어까지 준비해두고 말이죠. 바로 이것이 많은 사람들이 테슬라 에너지 사업이 앞으로 훨씬 더 성장할 것이라고 말하는 이유입니다.

왜 사이버트럭인가?
테슬라가 픽업트럭을 만든 이유

왜 이런 차를 만든 걸까?

"솔직히 말하면 사이버트럭이 실패할 가능성도 있겠죠. 다른 트럭과
너무 다르니까요. 하지만 저는 신경 쓰지 않습니다."

두 번째 마스터플랜의 두 번째 계획은, 세단과 SUV를 넘어 더
많은 제품군으로 전기차 라인업을 확장하는 겁니다. 2019년 11월,
테슬라는 신제품 출시 예고와 함께 픽업트럭 시장으로의 진출을
선언하는데요. 바로 사이버트럭입니다.

미국의 SF 영화 〈블레이드 러너〉에서 디자인 영감을 얻었다는
사이버트럭은 마치 2050년 사이버펑크cyberpunk 세계에서 튀어나
온 것처럼 생겼는데요. 사람들이 으레 상상하는 자동차의 우아한

출처: motortrend.com

강철과 강화 유리로 만들어진
테슬라 사이버트럭

곡선은 찾아볼 수 없고, 철판으로 종이접기를 한 것처럼 날카롭게
각이 져있습니다. 자동차라면 반드시 거치는 도색도 제대로 돼있
지 않아, 회색빛 강철 소재가 외부에 그대로 노출돼 있고요. 생김새
만 강인한 게 아닙니다. 차체는 망치로 두드려도 흠집 하나 나지 않
고, 유리는 높은 강도를 자랑합니다.

　로드스터부터 모델 3까지 이제껏 테슬라의 신제품은 공개될 때
마다 항상 화제를 모아왔지만, 이번엔 그 관심이 부정적인 쪽으로

집중됐습니다. 출시 발표회에서 테슬라는 사이버트럭의 유리가 튼튼한 강화 유리라고 자랑했는데요. 수석 디자이너 프란츠 본 홀츠하우젠Franz von Holzhausen이 시범 삼아 던진 쇠공에 유리가 어이없이 깨지면서, 순식간에 테슬라 주가가 6% 넘게 폭락하기도 했습니다. 지금이야 해프닝으로 추억하지만, 그 당시만 해도 언론과 대중의 비웃음이 쏟아졌습니다.

이런 일시적 화젯거리보다 더 중요한 것은 사이버트럭에 대한 소비자들의 반응이겠죠. 사이버트럭 공개 후 미국의 시장조사 업체 피플세이Piplsay가 진행한 설문 조사에 따르면, 미국 내 일반 소비자의 무려 45%가 사이버트럭에 부정적인 반응을 내비쳤습니다. 사이버트럭이 부자들의 또 다른 장난감이라거나, 강화 유리 같은 필요 없는 스펙을 포함하고 있다는 반응들이었는데요. 소비자의 29%만이 사이버트럭에 긍정적인 평을 내렸고, 나머지는 아예 무관심했습니다.[15] 과연 일론 머스크는 사이버트럭의 독특한 디자인에 대중의 호불호가 갈릴 것을 예상하지 못했을까요? 그렇지 않았을 겁니다. 언제나처럼 나름의 계획과 이유가 있었을 테죠.

테슬라는 왜 픽업트럭을 이다지도 독특한 형태로 만든 걸까요?

사실 한국 사람들에겐 '픽업트럭'이란 이름부터가 생소합니다. 트럭이면 트럭이지 '픽업'트럭은 무슨 말일까요? 쉽게 설명하자면 'SUV 차량에 트럭의 화물칸을 접목한 것'입니다. 한국에서 도로를 달리는 픽업트럭을 보기는 쉽지 않죠. 하지만 미국 영화나 드라마에서 주인공이 집 앞에 주차된 픽업트럭을 몰고 나가는 장면을 누구나 한 번쯤은 본 적이 있을 겁니다. 이름은 낯설지만, 실제 모습은 이미 우리에게 익숙한 차종이죠.

픽업트럭이 뭔지 알았다면, 한국인들의 다음 궁금증은 아마 '저런 걸 대체 왜 사는 걸까?'일 겁니다. 외양은 지나치게 거칠고 단순해 보이며, 크기가 커서 주차도 불편해 보입니다. 이사를 하지 않는 이상 딱히 저 커다란 화물칸에 짐을 실을 일도 없을 것 같습니다. 또 저렇게 무겁고 크면 기름값은 얼마나 많이 나올까 하는 걱정부터 들죠.

반면 왜 미국인들은 픽업트럭에 열광하는 걸까요? 도대체 기름값은 어떻게 감당하는 걸까요? 미국에서 픽업트럭이 잘 팔리는 이유는 생각보다 굉장히 현실적입니다.

첫째, 비싼 인건비로 인해 DIY^{Do It Yourself} 생활 방식이 보편화돼 있습니다. 뭐든지 무료로 배송해주는 한국과 달리, 미국은 식료품은 물론이고 고가의 가전제품이나 가구를 사더라도 비싼 배송비를 지불해야 합니다. 그래서 많은 소비자들이 직접 차를 몰고 구입한 물건을 운반해가는 쪽을 택합니다. 또 인테리어나 집수리를 하더라도 직접 페인트나 벽지를 비롯한 자재를 홈디포Home Depot 같은 대형 상점에서 구입해 직접 운반하고 시공하는 경우가 일반적입니다. 자동차 시트가 찢어지고 더럽혀질 리스크를 감수하면서까지 세단 뒷좌석에 페인트통이나 나무 판재를 욱여넣고 싶은 사람이 얼마나 될까요? 넉넉하고 편하게 짐을 실을 수 있는 픽업트럭이 일상생활에 필수적인 이유입니다.

둘째, 기름값이 저렴합니다. 미국은 명실상부 세계 1위의 원유 생산국입니다. 심지어 우리가 '석유' 하면 떠올리는 사우디아라비아나 이란보다도 많은 석유를 생산하고 있는데요. 당연히 기름값도 훨씬 저렴합니다. 한국 휘발유 가격이 보통 1,500~2,000원 내외를 맴도는 반면, 미국은 그 절반을 왔다 갔다 하는 수준입니다. 심지어 유가가 폭락한 2020년 4월 한때, 미국 일부 주의 휘발유 소매가는 300원대까지 내려가기도 했습니다.[16] 세단이나 SUV에 비해 상대적으로 연비가 떨어지는 트럭을 몰더라도, 기름값 걱정은 접어둘 수 있는 겁니다.

마지막으로 도로 환경이 깔끔히 정비돼 있지 않습니다. 지방 소도시를 가더라도 도로가 모두 포장돼 있는 한국과 달리, 미국은 시

내에서 조금만 벗어나도 비포장도로를 쉽게 만날 수 있습니다. 진흙탕이나 구덩이는 물론이고, 길에서 죽은 동물의 사체를 마주치는 일도 많습니다. 이런 환경에서 달리기에는 세단보다 트럭이 훨씬 나은 선택지일 수밖에 없습니다. 실제로 험지나 미개발 구역이 많은 중·북부 주에선 동·서부 주에 비해 픽업트럭 구매 비중이 훨씬 높습니다.

이렇듯 너무나 현실적인 이유로 인해 실제로 미국 픽업트럭 시장 규모는 생각보다 굉장히 큽니다. 미국의 시장조사 업체 마크라인즈Marklines가 집계한 통계에 의하면 2022년 한 해 동안 미국에서 판매된 승용차는 총 1,390만 대 수준입니다.[17] 그런데 이 중 무려 20%인 약 275만 대가 바로 픽업트럭입니다.[18] 심지어 세단, SUV 등을 모두 포함해 2022년 미국에서 가장 많이 판매된 차종을 줄 세우면, 1위는 포드 F 시리즈Ford F Series, 2위는 쉐보레 실버라도Chevrolet Silverado, 3위가 램RAM으로 1~3위 모두 픽업트럭입니다.[19] 미국인들의 픽업트럭 사랑이 놀라울 따름인데요.

결국, 테슬라에게 픽업트럭은 미국에서 세단이나 SUV만큼이나 크고 중요한 시장입니다. 이런 시장을 빼놓고서 테슬라가 '지속 가능한 에너지로의 세계적 전환을 가속화한다'는 미션을 달성할 수 있을까요? 픽업트럭 시장 공략은 일론 머스크의 장대한 비전 달성을 위해 반드시 맞춰야 할 퍼즐 조각 중 하나인 겁니다. 어찌 보면 누구나 같은 선택을 내릴 지극히 당연한 이야기이기도 하죠.

🚗 왜 이런 디자인이 나온 걸까?

픽업트럭 시장 공략을 위해 테슬라는 사이버트럭이라는 굉장히 도발적인 선택을 합니다. 2019년 11월 공개된 사이버트럭에 대한 대중의 반응은 마치 애플의 무선 이어폰 에어팟이 처음 출시됐을 때처럼 극단적으로 호불호가 나뉘었습니다.

일론 머스크의 추종자들은 2050년의 공상과학적 세계가 떠오르는 사이버트럭의 분위기를 힙하다며 찬양했습니다. 하지만 많은 언론과 일반 대중들은 마치 게임 마인크래프트Minecraft에 나오는 장난감 같다며 강한 불호를 표현합니다. 인터넷상에선 사이버트럭을 소재로 한 수많은 밈Meme이 만들어져 조롱받기까지 했습니다. 마치 에어팟이 콩나물로, 아이폰 11 프로의 후면 카메라가 인덕션으로 놀림받던 때를 연상케 합니다. 모델 S, X, 3처럼 일반적인 자동차들의 디자인을 따를 수 있었을 텐데도, 테슬라가 이렇게 독특한 디자인을 선택한 이유는 무엇일까요?

❶ 너무 단단해서 구부릴 수 없는 철판

가장 큰 이유는 더 높은 품질의 제품을 더 빠르고 저렴하게 만들기 위해서라고 생각합니다. 사이버트럭의 외형을 구성하는 독특한 철판 소재에서 그 이유를 찾아볼 수 있는데요. 테슬라의 공식적인 발표에 의하면, 사이버트럭의 외골격을 구성하는 철판 소재는 망치로 가격해도 긁히거나 찌그러지지 않을 만큼 단단합니다. 일론 머스크가 운영하는 또 다른 기업 스페이스X에서 만드는 로켓의 소재인 초고경도 스테인리스 스틸로 만들어져 있기 때문입니다. 이 스테인리스 스틸 덕분에 사이버트럭은 9mm 구경의 총탄을 막아낼 수 있을 정도로 견고한 차체를 자랑하는데요. 이러한 독특한 소재로 인해 일반적인 자동차처럼 생산하는 것이 불가능합니다.

> "사이버트럭이 이렇게 평평한 이유는 30배 단단한 강철을 스탬핑할 수 없기 때문입니다. 스탬핑 프레스 기계를 망가뜨리거든요."

일반적인 자동차의 외형 패널을 만들기 위해서는 먼저 철판을 여러 조각으로 잘라야 합니다. 평평하게 잘라낸 형태의 철판은 '스탬핑'이라는 공정을 통해 뜨겁게 달구고 압력을 가해 아름다운 곡선형으로 구부립니다. 이를 다시 냉각해 단단하게 만들면 외형 패널이 완성되죠.

하지만 사이버트럭은 이러한 일반적인 스탬핑 공정을 거치지 않습니다. 아니, 스탬핑을 진행하는 것이 불가능합니다. 스테인리스 스틸의 경도가 너무 높은 나머지, 성형하는 과정에서 철판이 부서지거나 스탬핑 기계가 고장 나버리기 때문입니다.

그래서 사이버트럭은 애초에 철판을 여러 조각으로 자르지 않고 접어서 평평한 모습 그대로 사용합니다. 철판의 굴곡을 최소화하기 위해 꼭 필요한 부분만 구부려서 차량의 형태를 만드는 겁니다.

사실, 스탬핑 공정은 테슬라의 오랜 골칫거리였습니다. 모델 3 양산 초기, 테슬라는 전통 완성차 업체들과 달리 이 스탬핑 기술이 부족해 원하는 모양의 차체를 만들어내는 데 애를 먹었습니다. 실제로 양산 초기의 모델 3를 직접 분해해본 전문가의 분석에 따르면, GM 같은 타 제조사가 단 한 번의 스탬핑으로 제조하는 일부 프레임을 테슬라는 무려 9개의 조각으로 나누어 스탬핑 후 각각을 용접해 연결하는 방식으로 제조했다고 합니다.[20] 이게 바로 모델 3에서 Y까지 테슬라 자동차에서 단차가 발견되는 주요 이유 중 하나였습니다. 스탬핑 공정 기술이 부족해 설계대로 오차 없이 매끄럽고 균일한 차체를 만들어내지 못해, 패널 간에 간극이 생기는 단차가 발생한 것입니다. 당시 테슬라의 스탬핑 기술 수준을 보여주는 단편적인 사례입니다.

일론 머스크는 이러한 골칫거리를 붙들고 싸우기보다, 과감히 최소화하고 생략하는 방식으로 해결해버린 겁니다. 사이버트럭과 같은 생산방식을 적용하게 되면, 패널을 하나하나 스탬핑하고 용접해서 이어 붙이는 작업이 필요 없어집니다. 또 푸른색, 붉은색 같은 색상을 입히는 도장 공정도 필요 없고요. 이런 변화들로 인해 자연스레 생산 속도는 빨라지고, 완성품의 품질도 향상되리라 기대할 수 있게 되는 겁니다.

❷ '테슬라 전기차 = 미래'라는 인식을 심어주기

사이버트럭의 디자인은 픽업트럭 소비자들의 기존 인식을 바꾸기 위한 나름의 공격적인 승부수였다고도 볼 수 있습니다. 미국의 픽업트럭 시장은 앞서 언급한 것과 같이 GM이나 포드 같은 미국의 전통 내연기관 완성차 업체들이 이미 틀어쥐고 있습니다. 토요타나 폭스바겐, 현대차 같은 외국 브랜드들이 침투한 세단 및 SUV 시장과 달리, 픽업트럭만큼은 자국 브랜드에 대한 소비자들의 신뢰 역시 굳건하고요. 그래서 테슬라는 웬만큼 혁신적인 시도로는 이 시장에 제대로 침투하기 어려울 것이라고 느꼈을지 모릅니다.

그런 이유로 테슬라는 기존의 '미국산 내연기관 트럭이 최고다'라는 인식을 뒤엎을 만한, 미래적인 외형의 제품을 내놓습니다. 이를 통해 '전기차가 미래다'라는 인식을 소비자들의 머릿속에 각인시키고자 하는데요.

앞서 말했듯이 사이버트럭의 외형은 영화 〈블레이드 러너〉에 나오는 트럭과도 굉장히 닮았습니다. 일론 머스크 역시 사이버트럭을 수차례 '블레이드 러너 트럭'이라고 부르기까지 했는데요. 실제로 앞서 묘사했던 사이버트럭의 외형을 다시 한번 돌이켜보면, 우리에게 익숙한 고속도로보다 화성의 오지에서 달리는 모습을 상상하는 것이 더 자연스럽다는 생각이 드실 겁니다.

소비자들은 테슬라 자동차의 미래지향적인 디자인을 통해, 어릴 적부터 보고 자란 SF 영화 속 자동차에 대한 향수를 다시 한번 마주할 수 있게 됩니다. 마치 어린 시절 꿈꾸던 미래를 테슬라가 현실로 만든 것 같은 느낌을 받는 겁니다. 이렇게 소비자들이 사이버트럭의 낯선 디자인을 보면서도 영문 모를 친숙함과 애정을 갖게 되고, 자연스레 테슬라의 전기차가 곧 미래라는 인식을 품게 하는 것이 테슬라의 숨겨진 의도가 아닐까 하는 생각을 해봅니다.

첨단 기술의 집약체로 탄생한 사이버트럭

사이버트럭 양산 개시를 공언한 2021년, 일론 머스크는 "사이버트럭이 디자인 때문에 실패할지 모른다"는 식의 발언을 내놓습니다. 실제로 사이버트럭은 이런저런 문제로 생산이 계속 지연되었고,

약속한 시점이 훌쩍 지난 2023년 11월 30일이 되어서야 소비자들에게 인도되기 시작했습니다.

출시 후 공식 발표된 가격 또한 최저 6만 990달러(한화 약 8,000만 원)에 달하면서 과거 약속했던 3만 9,990달러(한화 약 5,200만 원) 수준 대비 훌쩍 높아져 버렸습니다. 생산능력 역시 2025년이 되어서야 연 25만 대 수준에 달하는 것으로, 생각보다 느린 속도로 확대되고 있습니다.[21] 저렴한 제품을 신속하게 만들겠다는 본래의 의도에서 조금 동떨어져버린 겁니다.

이를 두고 일론 머스크는 사이버트럭의 외형이 기존에 없던 디자인일 뿐만 아니라, 각종 첨단 기술이 적용됐기에 개발과 생산 준비에 많은 어려움을 겪었다고 설명했는데요. 여기서 말하는 '첨단 기술'이 무엇인지 몇 가지 예를 들어 보려 합니다.

첫 번째로는 48V 구조의 적용입니다. 내연기관차라 할지라도 오늘날의 자동차는 전기가 필요합니다. 시동을 걸고, 조명 장치나 오디오, 인포테인먼트Infotainment 등의 기능을 사용하는 데는 전기가 필수적인 역할을 하니까요. 이렇게 사용하는 전기의 전압은 1950년대 이후 줄곧 12V로 유지돼 왔는데요.

사이버트럭은 이 전압을 4배 높인 48V 구조를 본격적으로 적용합니다. 48V를 사용하면 어떤 장점이 있을까요? 학창 시절 과학 시간에 배운 공식을 떠올려보면, 전력은 전압과 전류의 곱셈으로 이뤄집니다. 여기서 전압을 4배 높이면, 전류는 4분의 1 수준으로 줄더라도 같은 전력을 만들 수 있겠죠. 이렇게 필요한 전류가 줄어들면, 전류를 전달하는 전선의 굵기가 기존보다 얇아져도 됩니다. 전선의 굵기가 가늘어지면 원재료인 구리 사용량이 줄어들어 원가가 저렴해지고 무게는 가벼워집니다.

물론 "전선의 원가나 무게가 뭐 그리 중요하겠어?"라고 말할 수도 있을 겁니다. 하지만 자동차에 사용되는 전선은 내연기관차를 기준으로 엔진과 섀시 다음으로 높은 원가를 차지하는 부품입니다. 무게 역시 섀시와 엔진 다음으로 무겁다고 하는데요.[22] 보통 70~80kg으로 성인 남성의 체중에 육박할 정도입니다. 이를 절반으로만 줄여도 10kg짜리 쌀 포대 서너 개를 차에서 덜어낼 수 있는 셈입니다. 배터리의 전력 효율이 확연히 좋아질 수 있겠죠.

두 번째로는 이더넷Ethernet 통신 방식의 적용입니다. 원래 대부분의 자동차는 CAN Controller Area Network 이라고 불리는 통신 방식을 사용해왔는데요. CAN 방식의 가장 큰 한계는 데이터 전송속도가 1~5Mbps☎수준에 불과하다는 것입니다. 자동차가 기계장치였던 2000년대 전후까지는 적합한 통신 방식이었을지 모르지만, 이

☎ bps는 1초당 전송할 수 있는 데이터 전송속도의 단위다. 1Mbps는 1초당 1메가(100만) 비트를, 1Gbps는 1초당 대략 1기가(10억) 비트를 전송할 수 있는 데이터 전송속도다.

제 자동차는 점차 전자장치화 되어가며 점점 더 많은 데이터를 사용하고 있습니다. 더군다나 앞으로 자율주행이 구현돼 지금보다 더 많은 데이터를 동시에 송수신하며 처리해야 하는 상황이 오게 된다면, 과연 지금의 CAN 방식을 유지하는 게 합리적이라 할 수 있을까요?

사이버트럭은 보다 발전된 이더넷 구조를 본격적으로 적용하면서, 데이터 전송속도를 1Gbps, 즉 CAN보다 수백 배 이상 높은 수준으로 끌어올릴 것으로 기대됩니다. 더 많은 데이터를 훨씬 더 빠르게 처리할 수 있는, 자율주행 시대에 적합한 제대로 된 미래 자동차인 겁니다.

또한 이더넷 방식을 적용하게 되면 배선 구조까지 효율화할 수 있는데요. 기존 CAN 방식을 사용하는 자동차들은 대부분 '분산형 구조'를 적용했습니다. 뒤에서 더 자세히 다루겠지만 자동차 부품을 전자적으로 제어하는 장치를 '제어기'라고 부르는데요. 분산형 구조에서는 이런 개별 제어기 하나하나가 내·외부 통신을 관장하는 중앙 게이트웨이와 직접 연결되어 있어야 했습니다. 하지만, 이더넷을 적용하게 되면 위 그림의 '계층형 구조'를 구현하기에 용이해지면서 배선 구조가 단순해지고 길이가 짧아집니다. 모든 제어기 하나하나가 멀리 있는 게이트웨이와 연결될 필요 없이 가까이 있는 제어기와 연결되는 구조이기 때문입니다.

일론 머스크 플랜3

CAN 방식과 이더넷 방식의 배선 구조 비교

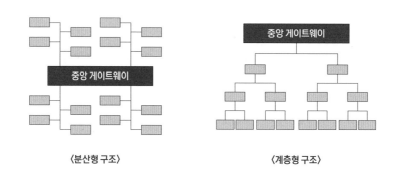

〈분산형 구조〉　　　　　　　〈계층형 구조〉

여기서도 '배선이 짧아지는 게 뭐가 그리 중요하겠어?'라는 의문이 들 수 있습니다. 하지만 생각 외로 자동차 배선은 그 길이가 3~4km에 달할 정도로 길고 복잡합니다. 그뿐만 아니라 사람의 수작업을 요구하기에, 자동차 제조 공정에 드는 전체 노동력의 절반가량이 배선 작업에 든다고도 합니다. 그 때문에 이더넷 적용으로 배선이 짧아지고 단순화되면 자동차 생산 소요 시간이나 원가가 대폭 줄어들 수 있을 겁니다. 실제로 테슬라는 위와 같은 효율화를 통해 모든 제품의 배선 길이를 향후 100m 수준까지 줄이는 것을 목표로 하고 있기도 합니다.

이런 장점들에도 불구하고, 48V나 이더넷 같은 새로운 기술은 그 적용 초창기에는 기존 기술을 사용하는 것보다 비쌀 수밖에 없습니다. 자동차 업계는 아직까지 기본적으로 12V와 CAN 방식에 맞춰 모든 부품을 생산하고 있기 때문입니다. 48V와 이더넷 방식을 적용하기 위한 부품들의 생산 규모는 매우 작아 규모의 경제에 의한 원가절감 효과를 누리기 어렵습니다. 또 생산 초창기인 만큼 공정이나 설비 혁신을 통한 원가절감 노력의 진척 수준도 낮을 수밖에 없을 겁니다.

계획보다 사이버트럭의 출시가 늦어지고 가격이 비싸진 데에는 이런 배경이 숨어있습니다. 하지만 테슬라는 사이버트럭에 이러한 첨단 기술을 적용하는 위험 부담을 결코 마다하지 않았습니다.

사이버트럭, '테슬라만' 할 수 있는 시도였다

사실 이런 모험은 테슬라만이 할 수 있는 것이라고 봅니다.

사이버트럭의 예약 잔고는 2023년 7월 기준 무려 190만 대를 넘어섰습니다.[23] 테슬라는 현재 사이버트럭의 목표 생산량을 연간 25~50만 대로 잡고 있는데요.[24] 이 같은 생산 속도라면 확인된 190만 대를 소화하는 데도 2027년이 지나야 할 것으로 보입니다. 일론 머스크조차도 사이버트럭의 사전 주문 건수가 너무 많아 세기를 포기했다고 농담을 던질 정도입니다.

이렇게 높은 수요가 뒷받침되고 있기에 테슬라는 사이버트럭의 가격을 기존에 약속된 수준보다 대폭 올리면서 원가 상승분을 감당할 수 있었을 겁니다. 전통적인 픽업트럭과 차별화되는 독특한 디자인 또한 시도해볼 수 있었고요.

또한 사이버트럭의 생산 규모가 점차 커지면서, 본래 의도했던 생산 속도와 원가의 혁신 역시 충분히 가능해질 것이라고 예상합니다. 모델 3의 생산 지옥에서 그랬던 것처럼, 생산 초기에는 여러 가지 시행착오를 겪을 수밖에 없을 겁니다. 하지만 이 역시 어느 정도 안정화되고 나면, 처음 계획했던 것처럼 더 빠른 속도와 더 낮은 원가의 제품을 구현해낼 수 있지 않을까요.

물론 포드나 GM 같은 전통 내연기관 업체와 리비안^{Rivian} 등의 EV^{Electric Vehicle}(전기차) 스타트업들이 사이버트럭의 도전을 좌시하고 있지만은 않습니다. 이들 역시 자신만의 전기 픽업트럭 라인업을 구축해 적극적으로 경쟁에 뛰어들고 있기에, 미국 픽업트럭 시장을 두고 향후 치열한 경쟁이 예상됩니다. 과연 테슬라는 사이버트럭이라는 독특한 미래지향적 제품을 가지고 새로운 제품군인 픽업트럭에서도 유의미한 결과를 만들어낼 수 있을지 그 결과가 궁금해집니다.

테슬라의 자율주행 경쟁력이
독보적인 이유

🚗 자동차만큼 중요한 자율주행 기술

두 번째 마스터플랜의 세 번째 계획은 수동 운전보다 안전한 '자율주행'을 개발하는 것입니다.

"미래 자동차는 소프트웨어가 중요하다"는 이야기를 다들 한 번쯤은 접해보셨을 겁니다. 자동차의 미래를 이야기하며 자꾸 소프트웨어를 강조하는 이유가 뭘까요? 자동차가 점점 컴퓨터처럼 전자 제품화되고 있기 때문일 수도 있고, 자동차 하드웨어가 전반적으로 상향 평준화됐기 때문일 수도 있을 겁니다.

이런 여러 가지 이유들이 있겠지만, 궁극적으로는 모든 기업이 사업을 전개하는 본질적 이유인 '이익'에 답이 있습니다. 소프트웨어를 통해 자동차 제조사들이 전보다 훨씬 더 높은 이익을 낼 수 있는 잠재력을 지녔기 때문입니다.

자동차 제조·판매는 원래 성숙 단계에 접어들면서 연간 5% 내외의 영업이익을 내는 저低마진 산업이었습니다. 이런 이유로 주요 자동차 제조사들의 주가도 오랜 기간 박스권(주가가 일정한 폭에서만 등락을 거듭하는 현상)을 맴돌았고요. 그러던 중 테슬라가 사람들의 관심을 한 몸에 받으며 폭발적인 주가 성장을 보여줍니다. 자동차를 몇 대 팔지도 못함에도 불구하고 전통 자동차 제조사 대여섯 개를 합친 것만큼 높은 시장가치를 인정받은 것인데요. 그 배경에는 소프트웨어를 통해 자동차 산업의 이익률을 혁신적으로 끌어올릴 거란 기대가 숨어있습니다.

3,000~4,000만 원짜리 자동차 한 대를 팔아 고작 100~200만 원 남짓을 손에 쥐던 게 자동차 산업의 현실이었습니다. 그런데 테슬라는 아직 완성되지도 않은 베타 버전의 자율주행 서비스 옵션을 차량 구매자들에게 판매하기 시작합니다. 그 가격은 2024년 7월 기준 무려 8,000달러(한화 약 1,100만 원)에 달하는데요.

자율주행 서비스와 같은 소프트웨어는 복제에 드는 비용이 제로에 가깝습니다. 바꿔 말해, 판매량이 늘어나면 늘어날수록 개당 원가가 낮아지면서 1,100만 원이란 높은 가격의 상당 부분이 고스란히 영업이익으로 전환될 수 있다는 뜻입니다. 또한 완전 자율주행을 구현하는 데 성공한다면 그 판매 가격은 지금보다 훨씬 더 높은 금액으로 설정될 수도 있고요. 5% 남짓의 마진을 손에 쥐던 자동차 제조사들이 마이크로소프트나 구글, 메타와 같은 IT 기업들처럼 20~30%대의 높은 이익률을 구가할 수 있는 기회가 열리는 겁니다.

정리해보면, 자동차 회사들은 소프트웨어를 통해 기존의 박한 마진 구조를 개선할 수 있고, 그중에서도 자율주행은 가장 커다란 사업적 기회인 셈입니다. 테슬라 역시 일찍이 두 번째 마스터플랜을 통해 '사람이 운전하는 것보다 10배 더 안전한 자율주행을 구현하겠다'는 포부를 밝혔는데요. 미완성의 자율주행 서비스를 일찌감치 상용화한 테슬라는 경쟁자들을 제치고 자율주행 서비스를 가장 빨리 완성할 것이라는 기대를 한 몸에 받고 있습니다.

그렇다면 테슬라는 자율주행이란 문제에 어떤 방식으로 접근하고 있을까요? 테슬라가 채 완성되지도 않은 자율주행 서비스를 먼저 내놓은 이유는 무엇일까요? 또한 자율주행 기술 개발에 있어 테슬라가 가진 경쟁력이 무엇이길래, 이렇게 테슬라의 시장가치가 높이 평가받는 것일까요?

🚗 테슬라 FSD(Full Self-driving), 완벽하지 않아도 쓰면서 고쳐나간다

본격적인 이야기에 앞서, 흔히 자율주행 기술 수준을 논할 때 언급되는 자율주행 '레벨'에 대해 먼저 짚고 가려 합니다. 자율주행과 관련해 필수적인 내용이라, 상식선에서 간단히 다뤄보겠습니다.

미국자동차공학회^{SAE}에서는 운전 자동화 기술 수준을 레벨에 따라 0부터 5까지 구분하고 있습니다. 국내외 언론과 학계에서도 줄곧 이를 보편적인 기준으로 빌려와 논의하고 있는데요. SAE 분류 기준에 따르면, 현재 우리가 흔히 접할 수 있는 차선 유지, 차간 간격 유지 등의 첨단 운전자 지원 시스템^{ADAS, Advanced Driver Assistance System} 기능을 갖춘 자동차는 레벨 2에 속합니다. 운전에 대한 책임은 전적으로 운전자에게 있고, 일부 주행 기능에 한정해 기계가 사람을 돕는 방식이죠.

레벨 3 수준은 돼야 흔히들 말하는 '자율주행 자동차'라고 할 수 있습니다. 레벨 3부터는 운전 책임이 운전자에서 기계로 부분적으로 이전됩니다. 고속도로와 같은 제한된 상황에서만 기계가 주행과 관련된 모든 영역을 책임지고 수행합니다. 다만, 고속도로를 벗어난 지역이나 위급한 상황에서는 운전자가 개입해야 하며 운전자는 언제나 이에 대한 준비를 하고 있어야만 합니다. 레벨 4부터는 고속도로뿐 아니라 자동차가 달리는 모든 지역에서 기계가 책임지고 운전하게 됩니다. 하지만 레벨 3과 마찬가지로 위급 상황에서는 운전자가 개입해야 하고요. 레벨 5부터는 위급 상황까지 기계가 책임을 도맡습니다. 한마디로 운전석에 사람이 없어도 되는 완전한 자율주행이라고 할 수 있습니다.

정리해보면, 레벨 4~5 수준이면 우리가 흔히 상상하는 미래의 자율주행 자동차를 구현할 수 있고, 적어도 레벨 3은 돼야 자율주행 기능을 갖췄다고 말할 수 있습니다. 아직까지는 레벨 2를 넘는 수준의 상용화된 자율주행 자동차는 찾아볼 수 없는 상황인데요. 하지만 기존 자동차 제조사는 물론이고, 구글이나 바이두 같은 IT 기업까지 저마다의 접근법으로 '완전 자율주행'의 상용화를 위해 노력하고 있습니다.

구글이나 모빌아이Mobileye 같은 IT 기업들은 수백 대 내외 소수의 차량을 활용해 일부 도시에서 먼저 자율주행 택시 서비스를 선보이고, 이를 조심스레 확대해나가고 있습니다. 물론, 강수량이 적은 지역이나 정해진 구역 내에서만 제한적으로 운영한다는 점이 아쉽지만요. 아무래도 탑승자의 안전과 직결되는 민감한 기술인 만큼, 자율주행 기술이 완벽하게 완성되기 전까지는 일반 사용자를 대상으로 한 광범위한 일괄 서비스 배포는 조심스럽게 접근하고 있습니다.

그런데 이와 정반대로 테슬라는 이미 'FSDFull Self-driving'라는 이름의 자율주행 소프트웨어를 테슬라 차량을 구매한 소비자에게 옵션으로 광범위하게 판매 중입니다. 앞서 잠시 언급한 것과 같이 8,000달러라는 적지 않은 가격으로 말이죠. 여기서 'Full Self-driving'이라는 단어는 직역하면 '완전 자율주행'을 뜻합니다. 하지만 그러한 뜻과는 달리, 테슬라가 실제로 레벨 3, 혹은 그 수준 이상의 자율주행 기능을 확보한 것은 아닙니다. 다만, 앞으로 점진적으로 자율주행 기능을 발전시켜 완성할 예정이니, 그 전에 이를 이용해 보고 싶은 사용자들은 미리 구매해 사용할 수 있도록 한 셈입니다.

미국자동차공학회의 운전 자동화 수준 정의

단계	정의	기능	운전 주체
레벨 0	자동화 없음	위험 상황 시 단순 경고 제공	사람
레벨 1	운전 보조	차선 유지 혹은 차간 간격 유지(하나만 제공)	사람
레벨 2	부분 자동화	차선 유지 및 차간 간격 유지(동시 제공)	사람
레벨 3	조건부 자동화	특정 구간 한정 자율주행	사람 (시스템 요청 시)
레벨 4	고도 자동화	특정 구간 제외 자율주행	시스템
레벨 5	완전 자동화	모든 조건에서 자율주행 가능	시스템

출처: SAE

이렇듯 테슬라는 완벽하지 못한 시스템이라도 일단 배포하고 피드백을 받으며 완벽하게 고쳐 나가자는 식의 '진화적 접근'을 취하고 있습니다. 반면 구글이나 모빌아이는 자율주행 기술이 100% 완벽해지기 전에는 일반 사용자를 대상으로는 대규모 배포를 진행하지 않는, 이른바 '빅뱅식 접근'을 하고 있습니다. 기술이 완벽해지면 그때야 '짠' 하고 광범위한 일반 소비자 대상 판매를 진행하는 겁니다. 테슬라는 이와 정반대의 방식으로 개발을 진행하고 있는 것이고요.

🚗 라이다 vs 카메라, 측정과 추론의 대결

각종 언론과 미디어를 통해 이미 잘 알려져 있듯, 테슬라와 반反테슬라 진영의 큰 차이 중 하나는 사용하는 '센서'에 있습니다.

먼저 구글의 웨이모^{Waymo}를 필두로 자율주행 자동차를 개발 중인 대부분의 기업들은 라이다^{LiDAR}와 고정밀 지도^{HD Map}의 조합을 중심으로 해결책을 개발하고 있습니다. 라이다는 빛을 쏘아 물체의 거리와 크기, 속도 등을 비교적 정확하게 '측정'할 수 있는 기기인데요. 그 원리를 간단히 설명하면, 레이저를 쏘는 발광부가 360도로 돌면서 빛을 쏘고, 그 빛이 물체에 부딪혀 반사되면 다시 받아들이는 방식입니다. 빛이 센서로 돌아오기까지의 시간을 측정해 물체와의 거리를 측정하고, 그 정보를 X, Y, Z 축에 좌표로 저장합니다. 이렇게 무수히 많은 좌푯값들이 모인 이미지가 마치 점으로 이뤄진 구름과 같다고 해서 '포인트 클라우드'라고도 불립니다. 포인트 클라우드가 정밀하게 만들어지면 이를 마치 지도처럼 활용할 수 있는데요. 이런 지도를 바탕으로 라이다는 자율주행 자동차에게 '3m 높이의 장애물이 20m 후방에서 시속 60km로 달려오고 있다'는 식의 신뢰도 높은 측정값을 제공할 수 있습니다.

이와 반대로 테슬라를 비롯한 극소수의 기업들은 카메라를 활용한 시각 데이터만으로 완전 자율주행을 구현하려 노력하고 있습니다. 테슬라의 최신 자동차는 사방에 11대의 카메라가 달려있고, 이 11대의 카메라가 실시간으로 주변 환경을 인식해 뉴럴넷Neural Net에 전달합니다. 뉴럴넷은 자율주행 시스템에서 인간의 두뇌 역할을 하는 인공지능 신경망인데요. 카메라가 수집한 시각 데이터를 바탕으로 차량이 어떻게 움직일지 판단하고 제어하는 역할을 수행합니다. 이 뉴럴넷의 성능이 점차 발전하면서 테슬라 자율주행의 완성도도 점차 올라가게 됩니다. 인간이 두 눈과 두뇌만 가지고 안전하게 운전할 수 있는 것처럼, 컴퓨터도 이를 모방해 시각 데이터와 뉴럴넷만으로 성공적으로 완전 자율주행을 실현할 수 있다는 입장을 테슬라는 견지하고 있습니다.

하지만 카메라는 기본적으로 물체를 애니메이션과 같은 2D 이미지로 인식합니다. 그래서 라이다처럼 움직이는 물체에 대한 거리와 속도, 가속도에 대한 측정값을 내놓을 수는 없습니다. 단지 그동안 수많은 이미지 데이터를 가지고 학습한 결과를 바탕으로 이런 지표의 수치들을 '추론'할 뿐입니다. 만약 학습하지 못한 내용이라면 잘못된 추론 결과를 내놓게 될 것이고, 실제로 이는 어이없는 인명 사고로 이어지기도 했습니다. 그 때문에 카메라 비전의 부족한 판단 능력을 보완하고자 보조 장치로 레이더RADAR가 함께 사용되었고, '카메라 + 레이더' 조합의 해결책은 오랫동안 테슬라 자율주행의 상징과도 같았습니다.

그런데 지난 2021년, 일론 머스크는 자신의 트위터를 통해 레이더를 없앤 '퓨어 비전pure vision', 즉 순수하게 카메라 기반으로 작동하는 버전의 오토파일럿Autopilot⊤과 FSD를 배포하겠다고 발표합니다. 레이더 없이 카메라만을 활용해 자율주행 기능을 구현하겠다는 겁니다. 어딘가 여러 사고와 논란을 일으키며 나사 하나 빠진 것 같았던 비전만 믿고 레이더를 없애겠다니, 아무래도 불안하게 느껴질 수밖에 없겠죠.

그러던 중 매년 개최되는 국제 컴퓨터 비전 및 패턴 인식 학회

⊤   차선 유지, 차간 간격 유지 등의 기본적인 운전 보조 기능이 포함된 테슬라의 소프트웨어

CVPR 행사에서, 당시 테슬라 AI 디렉터였던 안드레이 카르파티Andrej Karpathy가 이러한 의사 결정 배경에 대해 비교적 명쾌한 설명을 내놓았는데요. 그의 말을 빌리면, 레이더는 자율주행 성능에 방해가 되는 '노이즈noise'입니다. 레이더는 가끔 예측 불가능한 간격으로 멍청한 측정값을 도출하기도 합니다. 예를 들면 고가도로 아래를 지날 때, 레이더가 고가도로를 장애물로 인식해서 차량이 종종 멈춰서는 '팬텀 브레이킹Phantom Breaking' 현상이 바로 그것입니다. 반대로 카메라 비전에선 이런 오류가 발생하지 않는다고 하는데요. 하지만 카메라와 레이더가 각각 인식한 데이터를 종합적으로 판단해 의사 결정을 내려야 하는 경우에는 상당히 곤란한 상황들이 발생할 가능성이 높습니다. 카메라를 보완하기 위해 추가한 레이더의 잘못된 판단이 오히려 걸림돌로 작용할 수 있기 때문이죠.

이런 이유로, 심플함을 미덕으로 보는 테슬라는 레이더를 아예 빼버리기로 합니다. 카메라 비전의 성능이 향상되면서, 내부적으로 카메라 비전의 수준이 레이더보다 훨씬 더 정확하다고 판단했기 때문이겠죠. 두뇌 역할을 하는 인공 신경망을 잘 학습시키면 카메라 비전만으로도 충분하다는 것이 안드레이 카르파티의 생각입니다. 운전대를 잡아본 적 없는 사람을 운전면허 학원에 보내고 도로 주행 교육을 시켜 좋은 운전사로 만드는 것처럼, 양질의 데이터를 가지고 인공 신경망을 충분히 학습시키기만 하면 레이더 없이 카메라만으로도 훌륭한 결과를 내놓을 수 있다는 겁니다.

🚗 '좋은 데이터'가 테슬라의 경쟁력이다

그렇다면 인공 신경망을 학습시키는 양질의 데이터는 무엇을 말하는 것일까요? 양질의 데이터야말로 다른 경쟁사보다 테슬라가 자율주행 개발에 있어 앞설 수 있는 큰 경쟁력 중 하나인데요. 안드레이 카르파티가 언급한 '좋은 데이터'의 조건은 크게 세 가지입니다. 크고, 깨끗하며, 다양해야 합니다.

첫 번째로 데이터의 규모(Large) 측면에서 테슬라는 타의 추종을 불허합니다. 테슬라의 차량 누적 판매량은 2023년 기준 400만

좋은 데이터의 조건 세 가지

Large	많아야 합니다. 하나의 유사한 상황에 대해 수백만 개의 학습 데이터는 확보해야 합니다.
Clean	깨끗해야 합니다. 심도나 속도, 가속도에 대해 명확히 라벨링된 데이터가 필요합니다.
Diverse	다양해야 합니다. 단순히 아무도 없는 공도를 달리는 것 같이 지루한 영상은 아무리 많아 봐야 의미가 없습니다. 다양한 예외 상황에 대한 데이터가 필요합니다.

대를 넘어섰는데요. 전 세계에 돌아다니는 수백만 대의 자동차를 통해 주행 데이터를 수집했습니다. 그뿐만 아니라, FSD 서비스를 가동하며 주행한 거리 역시 20억 마일(약 240억 km)을 넘어섰습니다.[25] 마치 온라인 게임이 출시되기 전 베타 테스트를 하는 것처럼, 전 세계 테슬라 팬들이 앞다투어 자신의 차량을 활용한 베타 테스트를 진행해주고 있는 셈입니다.

이만큼이나 광범위한 주행 데이터를 AI 학습에 활용하는 기업은 테슬라 외에는 전무합니다. 가장 큰 경쟁자라 할 수 있는 구글 웨이모조차 일부 한정된 지역에서 소수의 테스트 차량을 운행하는 것이 전부니까요. 이렇게 풍부한 주행 데이터가 있기에, 테슬라의 AI는 도로상에서 벌어질 수 있는 다양한 사례에 대해 미리 학습하며 더 똑똑해질 수 있겠죠.

두 번째로 라벨링의 정확도(Clean)입니다. 먼저 라벨링이 무엇인지부터 간단히 짚고 넘어가야 할 것 같은데요. 인간 운전자와 달리 AI는 운전 교육을 받은 적이 없습니다. 그래서 자전거를 봐도 자전거인지 모르고, 브레이크를 밟아야 하는 상황에서 밟지 않을 수도 있죠. 따라서 저건 무엇이고 어떻게 행동해야 한다고 알려주는 정답지가 필요합니다. 이렇게 AI가 미처 인지하지 못한 사물을 골라내서 이름표를 달아주는 작업을 '데이터 라벨링Data Labeling'이라고 부릅니다. 수집한 데이터가 아무리 많아도, 이런 데이터 라벨링의 퀄리티가 떨어진다면 제대로 된 학습이 불가하겠죠. 이런 이유로 카르파티는 라벨링의 정확도를 강조한 겁니다.

특히나 테슬라는 방대한 양의 주행 데이터를 확보하고 있다는 점에서, 이를 제대로 활용하기 위해 빠르고 정확하게 라벨링을 진행하는 것 또한 중대 과제일 수밖에 없을 겁니다. 과거 테슬라의 라벨링 작업은 타 기업들과 마찬가지로 '디지털 인형 눈알 붙이기'라고 불릴 정도의 노동 집약적 작업이었습니다. 사람이 일일이 수작업으로 진행했기에, 물리적으로 속도에 제약이 발생할 수밖에 없었는데요. 또 이를 외주 인력으로 진행하다 보니 그 퀄리티나 속도는 예상보다 현저히 낮을 수밖에 없었습니다. 그래서 결국 테슬라는 직접 1,000명에 달하는 라벨링 전문 인력을 고용하게 됩니다.

그런데 데이터가 기하급수적으로 늘어나고 이미지가 아닌 비디오에 라벨링하는 상황이 시작되면서 한계에 부딪힙니다. 이를 해결하기 위해 이제는 컴퓨터가 알아서 스스로 라벨링하는 자동 라벨링 시스템까지 개발하게 되었고요. 이러한 자동 라벨링과 수동 라벨링을 함께 활용하는 방식으로 라벨링을 고도화해, 기존보다 더 많은 케이스를 더 빠르게 학습할 수 있게 됐습니다.

세 번째로 다양한 데이터(Diverse)입니다. 테슬라 AI가 풍부한 데이터 수집을 통해 아무리 많은 사례를 학습해도, 도로 위에서는 여태껏 한 번도 듣도 보도 못한 돌발적인 예외 상황이 발생하기 마련입니다. 이렇게 기존에 데이터를 확보하지 못한 예외적인 케이스에 대해서는 어떻게 해야 할까요? 전봇대가 쓰러져 있다거나, 탱크가 옆 차선에서 달리고 있다거나 하는 경우에 대해 학습하기 위해서 테슬라가 영화처럼 세트장을 만들어서라도 영상을 찍어와야 하는 걸까요?

위와 같이 특이한 상황만 문제가 되는 게 아닙니다. 앞서 라벨링을 거쳐야 AI가 데이터를 학습할 수 있다고 했었죠. 수백 명의 사람이 동시에 움직인다든지 하는 복잡한 상황은 우리 일상에서 흔히 일어나지만, 너무 복잡한 나머지 정확한 라벨링이 힘들 수도 있습니다. 이렇게 라벨링 문제로 학습이 어려운 일상의 경우 역시 테슬라가 해결해야 할 예외 상황에 포함되겠죠.

이런 종합적인 예외 상황들에 대해 미리 학습하기 위해, 테슬라는 시뮬레이션 영상을 활용합니다. 기존에 수집한 실제 주행 데이터를 가공하고 렌더링해 가상의 도로 상황들을 연출하고, 이러한 영상으로 AI를 학습시키는 거죠.

시뮬레이션 화면은 인위적으로 만들어낸 가상 환경이기에, 물리적 제약 없이 수많은 가상의 예외 상황들을 만들어낼 수 있습니다. 일론 머스크에 의하면, 길에 UFO가 떨어져 있다 하더라도 이를 사고 없이 피해 갈 수 있을 만큼 자신 있다고 할 정도입니다. 이렇게 테슬라는 시뮬레이션 방식을 활용해, AI가 제대로 작동하지 못한 모든

시뮬레이션으로 만들어낸 도로 위의 사이버트럭

지점을 다시 재현해 반복 학습시키는 것을 목표로 하고 있습니다.

이렇게 풍부하고(Large), 정확하게 라벨링됐으며(Clean), 다양한 (Diverse) '좋은 데이터'를 확보하고 있다는 것이 테슬라가 가진 큰 강점 중 하나입니다. 비유하면 정확한 답안과 풀이가 갖춰진 다양한 문제를 최대한 많이 풀어본 학생이 바로 테슬라라고 할 수 있을 것 같습니다.

지금도 진화중인 테슬라 AI

이렇게 테슬라의 뉴럴넷은 지금도 '좋은 데이터'를 활용해 멈추지 않고 계속 진화하고 있습니다. 수집한 데이터로 학습해 업그레이

드된 뉴럴넷은 다시 전 세계에서 운행 중인 테슬라 차량에 배포됩니다. 배포 후 뉴럴넷이 제대로 반응하지 못한 상황이 있다면, 풍부한 데이터와 시뮬레이션 영상을 통해 이와 유사한 상황의 데이터를 수집해 또다시 학습시키고요. 이러한 학습과 배포, 테스트의 과정을 무한히 반복하며 테슬라의 자율주행 기술은 끊임없이 발전하고 있습니다.

테슬라 자율주행의 실제 성능 또한 급속도로 향상되고 있습니다. 테슬라가 직접 공개한 자료에 따르면, FSD 사용 시 미국 내 일반 운전자가 운전하는 경우보다 단순 계산으로 7배 이상 안전한 수준까지 도달했습니다. 미국에서는 평균적으로 100만 마일당 1.48건의 교통사고가 발생하는 반면, FSD 사용 시 0.21건 수준으로 대폭 감소했다는 겁니다. 뿐만 아니라 이는 2022년 대비 대폭 향상된 수치인데요. 지난 2022년 기준 FSD 사용 시 100만 마일당 0.31건의 교통사고가 발생했다고 하니, 1년 만에 그 성능이 약 30%가량 개선되었다고도 볼 수 있을 것 같습니다.

좋은 데이터를 학습하고 실제 수행하며 AI가 끊임없이 진화하고 있기에, 테슬라가 누구보다 먼저 완전 자율주행에 성공할 것이라고 많은 이들이 기대하고 있습니다.

테슬라의 자율주행은
언제, 어떻게 완성될까?

🚗 테슬라 자율주행의 목표는 무엇인가

앞선 장에서 테슬라만의 경쟁력을 이야기하며 자율주행의 장밋빛 미래에 대해 논했다면, 이번에는 조금 현실적이고 냉정할지도 모르는 이야기를 해보려고 합니다. 많은 사람들이 궁금해하는 '테슬라의 자율주행이 언제쯤 완성될까?' 하는 질문에 대한 답인데요. 아니 그 전에 먼저, 어떤 목표를 달성했을 때 테슬라의 자율주행 기술이 '완성'되었다고 할 수 있을까요?

테슬라의 마스터플랜을 다시 읽어보면, 이상한 점을 하나 찾아볼 수 있습니다. 테슬라가 목표하고 있는 자율주행의 기술 완성 수준은 '레벨 4~5' 혹은 '100% 안전한 자동차' 등이 아닙니다. 테슬라가 계획한 목표는 '인간이 수동으로 운전할 때보다 10배 더 안전한 자율주행'입니다.

왜 언론이나 경쟁사에서 사용하는 레벨 4~5 등의 기준을 목표로 삼지 않은 것일까요? 왜 '인간보다', '10배 더'와 같은 기준과는 다른 기준을 내세운 것일까요? 바로 그 이면에 자율주행 기술 개발에 임하는 테슬라만의 철학이 있기 때문입니다.

'고기 컴퓨터'를 모방하는 '실리콘 컴퓨터'

자율주행이란 문제를 해결하는 데 테슬라의 기본적인 철학은 '인간이 할 수 있다면 컴퓨터도 할 수 있다'는 겁니다. 테슬라 관점에서는 AI 시스템이 반도체로 구성된 '실리콘 컴퓨터Silicon Computer'라면, 인간은 살덩어리로 만들어진 '고기 컴퓨터Meat Computer'에 불과하다고 표현합니다. 이 고기 컴퓨터가 운전하는 데 필요한 부품은 두 눈과 두뇌, 그리고 손발이 전부인데요. 두 눈으로 외부 환경을 촬영하면, 이 이미지 데이터를 두뇌가 재구성 및 해석하고, 손발에 제어 지시를 내리는 방식으로 운전이 이뤄집니다. 이런 고기 컴퓨터의 생물학적 인지 → 판단 → 제어 과정을 그대로 모방한 실리콘 컴퓨터를 만들 수만 있다면 완전 자율주행이 가능하다는 것이 테슬라의 관점입니다.

앞서 테슬라는 라이다를 사용하지 않고 카메라에만 의존한다고 이야기했습니다. 일론 머스크는 "라이다는 바보들이나 쓰는 장치다"라는 공격적인 발언까지 내놓은 바 있는데요. 이런 발언 역시 동일한 철학에서 뻗어 나온 말입니다. 물론 주변 물체를 정확하게 탐지할 수 있는 라이다가 있다면, 당연히 안전하게 달리는 데 도움이 되겠죠. 하지만 우리 인간, '고기 컴퓨터'는 라이다 없이 두 눈의 비전Vision 만으로도 운전을 꽤나 잘 해나가고 있습니다. 그뿐만 아니라 전 세계 도로상의 표지판이나 차선 같은 운전 인프라 역시 이런 비전 기반 운전 방식에 이미 최적화돼 있습니다. 실제 도로에서 라이다나 고정밀 지도를 갖춘 차량의 운전을 돕는 인프라는 아직 제대로 갖춰져 있지 않으니까요. 따라서 비전을 이용해 인간이 운전하는 방식을 정확히 카피할 수만 있다면, 굳이 라이다 같은 센서를 쓰지 않고도 자율주행을 완성할 수 있다는 것이 테슬라의 생각입니다.

사실 앞서 언급한 것처럼 몇 년 전까지만 해도 자율주행과 관련된 논의는 '어떤 센서를 쓰는가'에 집중됐었습니다. 카메라를 쓰는지 라이다를 쓰는지, 혹은 레이더를 쓰는지 안 쓰는지와 같은 이야기에 관심과 이목이 쏠렸습니다. 이런 상황에서 테슬라는 2021~2022년, 두 차례 진행한 'AI 데이AI Day'라는 기술 발표 행사를 통해 자신들의 접근법을 공개합니다. 행사를 통해 테슬라는 자율주행 관련 논의의 판을 '센서'에서 'AI'로 완전히 바꿔버립니다. 수십 명의 테슬라 엔지니어가 무대에 올라 알아듣기 어려운 외계어를 늘어놓았지만, 결국 핵심은 하나였는데요.

자율주행 문제를 해결하기 위한 키는 '눈'이 아닌 '뇌'에 있다는 겁니다. 카메라를 쓰는지 라이다를 쓰는지가 중요한 게 아니라, 수집한 정보를 제대로 인지하고 이에 기반해 정확한 판단을 내릴 수 있는 두뇌를 가졌는지의 여부가 자율주행 개발의 성패를 좌우할 것이란 이야기입니다.

그렇다면, 테슬라의 실리콘 컴퓨터는 고기 컴퓨터의 뇌를 어떻게 모방하려는 걸까요? 여기에 대한 상세한 설명도 AI 데이 행사를 통해 공개되었는데요. 그 내용의 일부를 간단히 소개하겠습니다.

인간처럼 운전하고자 한다면, 이를 벤치마킹해서 고기 컴퓨터가 바라보는 것과 동일한 방식으로 실리콘 컴퓨터도 세상을 볼 수 있어야 한다는 게 테슬라의 기본적 관점입니다. 이를 위해, 테슬라는 AI를 위한 3차원 가상공간 화면을 만들고 있습니다. 테슬라 차량의 전후좌우로 장착된 11개의 카메라에서 수집된 단편적인 이미지를 하나로 합쳐, 우리가 눈으로 보고 있는 것과 동일한 3D 화면을 자동차도 볼 수 있게 하는 겁니다. 마치 '그랜드 테프트 오토GTA'나 '심즈The Sims'와 같은 게임 화면처럼 말이죠. 일단 이런 방식으로 실제 현실을 정확하게 반영하는 가상공간을 만들어내기만 하면, 이를 토대로 차량을 올바르게 움직이는 일은 그렇게까지 어렵지 않을 것이라고 일론 머스크는 말합니다.

이렇게 현실을 정확하게 반영한 가상공간을 만들기 위해, 테슬라는 인간 뇌의 작동 방식까지 모방하는데요. 인간의 뇌는 후두엽이라 불리는 부위에서 일차적인 기초 정보를 분석하고, 조금 더 자세한 정보는 이차적으로 두정엽과 측두엽으로 보내 각 부위에서 전문적인 분석을 수행하는 구조로 작동합니다.

테슬라는 이런 뇌의 작동 방식을 모방하기 위해 '하이드라넷 Hydranet'이라는 구조를 만들었습니다. 하이드라는 몸통 하나에 머리가 여러 개 달린 그리스 신화 속 괴물을 말합니다. 공통적인 기본 특징을 몸통에서 먼저 분석하고, 여러 개의 머리가 각각 전문적으로 상세 정보를 분석하는 시스템 구조를 하이드라에 비유한 것인데요. 공통 정보를 분석하는 '후두엽'의 역할을 하나의 '몸통'이 수행합니다. 그리고 물체별 심도, 차선 모양 등 상세 정보를 분석하는 '두정엽', '측두엽'의 역할을 여러 개의 '머리'가 나누어 수행하는 식이죠.

이런 구조에는 여러 장점이 있다고 하는데요. 공통으로 활용 가능한 기초적인 정보는 몸통에서 일차적으로 일괄 처리해, 머리들이 불필요한 중복 연산과 추론 작업을 진행하는 사태를 방지할 수 있습니다. 또 복잡한 연산을 진행하는 머리들은 서로 독립돼 있어,

하나의 머리에 문제가 생겨도 서로 영향을 끼치지 않고 독립적으로 튜닝하고 발전해나갈 수 있게 됩니다. 고기 컴퓨터의 구조를 모방하는 과정에서 개발상의 여러 이점까지 취할 수 있게 된 겁니다.

🚗 FSD V12, 테슬라는 이제 인간처럼 운전한다

이렇게 인간을 닮도록 설계된 FSD는 2023년 V12, 즉 12번째 업데이트 버전으로 출시되면서 또 한번의 커다란 패러다임 변화를 맞이합니다. 테슬라 자율주행 개발자의 발언을 빌리면, V12는 한 마디로 '자율주행용 챗GPT'와도 같습니다. 챗GPT는 별도의 규칙을 학습시키지 않더라도 무수히 많은 데이터를 공부해 스스로 규칙을 찾고 답을 내놓습니다. 이제 FSD도 인간의 주행 데이터를 학습해 스스로 올바른 운전 방법을 찾아내 움직일 수 있다는 말입니다.

사실 V11까지는 FSD가 어떤 상황에서 어떻게 움직여야 하는지에 관해 인간 엔지니어가 지시사항들을 정해놓았습니다. 예를 들면, '붉은 신호등 앞에서는 정지해야 한다', '앞 차와의 간격을 3m 이상으로 유지해야 한다'는 일종의 운전 규범인데요. 이러한 규범을 작성한 코드의 분량만 무려 30만 줄이 넘었다고 합니다.

이러한 작동 방식의 가장 큰 문제점은, 개발이 진척됨에 따라 필연적으로 점점 더 복잡해진다는 것입니다. 학습 데이터가 늘어나면서 AI는 점점 더 많은 예외 상황들을 마주하는데요. 새로운 주행 환경을 마주할 때마다 AI가 어떻게 움직여야 하는지에 대해 인간 엔지니어가 일일이 규칙을 지시해야 하기 때문입니다. 기존에 작성해두었던 규칙과의 충돌 여부까지 신경을 써야 하니, AI의 성능 개선과 유지 보수에 점점 더 많은 시간과 비용을 쏟아야 할 수밖에 없습니다.

하지만, FSD V12부터는 인간이 작성한 규칙 없이, AI가 스스로 데이터를 바탕으로 규칙을 찾아냅니다. 붉은 신호등 앞에서 정지해야 한다고 별도로 지시하지 않아도, 실제 인간 운전자들의 행동 데이터를 모방해 정지해야 한다고 판단합니다. 또 곡선 구간에서 핸들을 얼마나 꺾어야 한다고 지시하지 않아도, 인간 운전자를 모방해 스스로 적절한 조향각을 찾아냅니다. 비유하자면, 마치 운전면허 동영상 강의를 듣는 인간 운전자와 같다고 할 수 있을 것 같습니다. 학습 교본이 되어줄 데이터만 있다면, 스스로 공부해서 운전을 배워가는 겁니다. 때문에 V11까지 필요로 했던 인간 엔지니어의 수작업 코딩 작업이나 까다로운 유지보수 작업도 사라집니다. AI는 더 빠른 속도로 새로운 환경에 적응해나가며 성능을 고도화할 수 있게 됩니다.

여기서 AI가 보고 배우는 것은 기계가 아닌 실제 테슬라 운전자들의 주행 데이터입니다. 때문에 AI의 주행 스타일 또한 시간이 흐르면서 점점 더 인간을 닮게 되는데요. 실제로 FSD V12를 경험한 여러 소비자들의 후기를 살펴보면, 물 흐르듯 자연스러운 운전 방식이 정말 인간이 핸들을 잡고 있는 것처럼 느껴져 소름 끼친다는 언급이 많습니다. 테슬라는 단순히 인간의 뇌 구조를 모방하는 데서 한 걸음 나아가, 이제 정말로 인간이 운전하는 것처럼 움직이는 경지에까지 이르게 된 것입니다.

다만, 눈치채셨겠지만 이러한 개발 방식이 잘 작동하기 위해서는 무엇보다 AI가 학습할 데이터가 중요합니다. 최대한 다양하고, 모범적이고, 많은 학습 사례가 있어야겠죠. 앞서 이야기한 것처럼, 테슬라는 주행 데이터 확보에 있어 타의 추종을 불허하는 압도적 경쟁력을 갖추고 있습니다. 때문에 이는 테슬라가 가장 잘할 수 있는 개발 방식이면서, 타 경쟁자가 감히 모방하기 힘든 방식이라고 할 수 있죠.

이러한 개발 방식은 카메라로부터 데이터를 받아들이는 입력 단계부터 바퀴와 핸들을 움직이는 출력 단계에 이르기까지, 모든 과정을 AI 신경망이 스스로 처리하기에, 'End-to-end' 혹은 'E2E' 방식이라고도 지칭하는데요. E2E 방식은 매 업데이트마다 인간을 점점 더 닮아가는 빠른 성능 개선을 선보이며 테슬라 운전자들의 감탄을 자아내고 있습니다. 그럼 이런 방식으로 만들어진 테슬라

FSD는 궁극적으로 어떤 모습이 될까요?

SF 영화 속에 나오는 완전 자율주행의 모습은 한마디로 완전무결합니다. 인간의 인위적인 개입이 발생하지 않는 이상 교통사고는 절대로 발생하지 않으며, 우리는 그저 뒷좌석에 앉아 손 놓고 여가를 즐기기만 하면 됩니다. 이게 우리가 흔히 상상하는 레벨 5 자율주행의 미래죠.

구글과 모빌아이 같은 IT 기업, GM이나 폭스바겐 같은 전통 자동차 기업들의 지향점도 이와 동일합니다. 이들에게 자율주행 자동차에 '사고'는 결코 존재해서는 안 됩니다. 특히나 전통 자동차 제조사들은 그 DNA부터 이런 이슈에 민감할 수밖에 없는데요.

자동차가 보급된 이후 수십 년 동안, 제조·부품 결함이 발생할 때마다 이들은 대규모 리콜과 배상을 치러야만 했습니다. 특히 이런 결함들이 인명 사고로 이어진 경우에는 몇 년 동안 벌어들인 영업이익을 과징금으로 고스란히 뱉어내야 했습니다. 10여 년 전, 품질의 대명사라 불리는 토요타조차 페달 결함이 발생해 1,000만 대에 달하는 차량을 리콜하며 조 단위의 손실을 보기도 했죠. 따라서 이들의 관점에서 자율주행 자동차는 어떠한 충돌도 일으키지 않을 만큼 절대적으로 안전해야 합니다.

그래서 비싸더라도 주변 물체를 정확하게 탐지할 수 있는 라이다를 메인 센서로 적극적으로 활용합니다. 전통 자동차 제조사에

ADAS 시스템을 납품하는 모빌아이 같은 기업은 카메라, 레이더, 라이다까지 각종 센서를 모두 함께 사용해 이중, 삼중으로 사고 상황을 예방하려 노력하고요.

그런데 일론 머스크의 관점은 이들과 조금 다릅니다. 두 번째 마스터플랜에 명시했듯, 테슬라 자율주행의 개발 목표는 '인간보다 10배 안전하게 달리는 것'입니다. 이후 일론 머스크는 여러 차례의 언론 인터뷰에서도 같은 내용의 이야기를 반복하는데요. 그의 관점에선, 그 원인이 천재지변이든 AI의 결함이든 간에 '사고가 절대 일어나지 않는 것'은 불가능합니다. 그러니 인간이 운전했을 때의 10분의 1 수준으로 사고를 줄일 수 있다면, 그것만으로도 충분히 의미 있다는 것입니다.

"우리가 결코 완벽할 수는 없을 거라고 분명히 밝히고 싶습니다. 현실 세계의 어떤 것도 완벽하지 않아요. 하지만 장기적으로는 사고를 10분의 1로 줄일 수 있을 겁니다. 이렇게 되면 사망과 비극, 그리고 치명적인 부상도 10분의 1로 줄어들 겁니다. 굉장히 큰 차이죠."

테슬라가 미완성의 FSD를 일반 소비자 대상으로 적극 판매하고 있는 것도 같은 이유라고 봅니다. FSD의 완성도가 아직 미흡하기에, 때때로 인간의 입장에서는 이해할 수 없는 급정거나 장애물 인식 불가 등의 오류가 발생하고 이 중 일부는 실제 교통사고로 연결됩니다. 그럼에도 불구하고 인간이 홀로 운전할 때보다 FSD가 있는 것이 더 안전하다고 판단하기에, 테슬라는 이를 일단 배포하고 피드백을 받으며 발전시키고 있는 겁니다. 실제로 테슬라는 이미 몇 년 전부터 줄곧 오토파일럿이나 FSD를 사용했을 때 교통사고가 크게 줄어든다는 통계를 공개하고 있습니다.

결국 '인간보다 낫기만 하면 된다는' 철학과 목표가 기저에 깔려 있기에, 테슬라가 그리는 FSD의 미래는 우리의 상상과는 조금 다를지도 모르겠습니다. 테슬라가 완성할 자율주행은 영화에 나오는 것처럼 어떤 사고도 발생하지 않는, 인간 운전자를 모든 환경에서 완벽히 대체할 수 있는 자율주행이 아닐 수도 있습니다. 인간을 모방해서 만든, 그래서 인간의 방식으로 운전하고 인간보다는 훨씬 안전하긴 하지만, 100% 완벽하지는 못한 자율주행이기 때문입니다.

폭설이나 폭우가 내리는 날이면 우리가 운전을 힘겨워하고 사고가 빈발하는 것처럼, AI가 운전하는 자율주행 자동차도 마찬가지일 겁니다. 갑자기 뛰어든 보행자를 운전자가 피하지 못하고 충돌하는 것처럼, AI도 동일 상황에서 충돌할지도 모릅니다. 물론, 인간보다 빠른 반응 속도로 충돌 속도를 늦출 수는 있겠지만요. 이와는 반대로 처음 보는 물체를 제대로 인지하지 못하고 충돌하는, 오히려 인간이라면 일어나지 않았을 어처구니없는 교통사고도 낮은 확률로 계속 발생할지도 모릅니다.

이러한 수준의 자율주행 자동차를 받아들일 수 없는 사람들도 분명히 있을 겁니다. 일반 소비자는 물론이고, 각국의 규제 당국 입장에선 안전을 담보할 수 없는 자율주행 자동차가 도로를 달리도록 쉽게 허용할 수 없을 겁니다.

최근 테슬라가 과거에 제거했던 레이더를 다시 도입하려 한다는 이야기가 들리는데요. 이 뉴스를 위와 같은 맥락에서 해석해볼 수 있지 않을까 합니다. 인간이 두려워하는 건 사고 그 자체가 아닌, 알 수 없는 이유로 사고가 발생할 수 있다는 불확실성입니다. 내가 알지 못하는 이유의 컴퓨터 오작동으로 내 안전이 위협받을 수 있다는 리스크 말입니다. 설사 그 확률이 100만 분의 1일지라도, AI 성능의 한계로 미처 인지하지 못한 물체와 충돌하는 것과 같은 어이없는 사고는 누구나 두려울 수밖에 없습니다.

테슬라가 만들 자율주행이 규제 당국에 의해 허용받고, 일반 소비자에 폭넓게 받아들여지기 위해 어처구니없는 사고는 발생해서는 안 될 겁니다. 사고가 나더라도, 최소한 이를 예방하기 위해 적극적으로 노력했다는 증거는 갖고 있어야겠죠. 이를 위해서는 레이더처럼 인간 운전자에게 없던 센서를 하나 정도 추가해 최소한의 안전장치를 확보하는 것이 현실적으로 고려해볼 만한 해결책이 됐던 게 아닐까요?

2023년 3월, 일론 머스크는 (뒤에서 다룰) 세 번째 마스터플랜까지 공개했지만, 먼저 공개된 두 번째 마스터플랜의 자율주행과 관련된 목표들은 아직까지 미완성인 상태로 남아있습니다. 일론 머스크 자신도 자율주행이 생각보다 굉장히 풀기 힘든 문제임을 여러 인터뷰를 통해 토로한 바 있고요.

그렇다면 '인간보다 10배 안전한 자율주행'은 대체 언제 구현될 수 있는 걸까요? 앞서 테슬라가 인간의 인지 방식을 모방해 FSD를 개발하고 있다고 했는데요. 그럼 영유아가 완전한 인지능력을 갖출 때까지 십수 년이 걸리는 것처럼, AI도 인간 수준으로 발전하는 데 동일한 시간이 걸릴까요?

그렇지는 않을 겁니다. 인지능력 개발과 학습에 절대적인 시간이 필요한 고기 컴퓨터와 달리, 실리콘 컴퓨터에서는 이를 빠른 속도로 단축하려는 시도들이 이어지고 있기 때문입니다. 책의 뒷장에서 다시 이야기하겠지만, 더 빠른 학습을 위해 기존보다 네 배 향상된 성능의 슈퍼컴퓨터 도조Dojo가 가동을 준비하고 있습니다. 또한, 더 정확하고 효과적인 모델 개발을 위해 뛰어난 엔지니어들이 테슬라에 모여들고 있기도 하고요.

이런 노력 덕에 FSD의 인지능력도 빠르게 진척되고 있는 것으

첫 100만 명 유저 확보에 소요된 시간

NETFLIX	⇨	3.5년
facebook	⇨	10개월
iPhone	⇨	74일
ChatGPT	⇨	5일
Threads	⇨	1시간

출처: Statista

로 보입니다. 급속도로 늘어나고 있는 유저 베이스가 이를 방증하는데요. 테크 업계에서는 종종 '첫 100만 명의 고객을 확보하기까지 얼마나 오랜 시간이 걸렸는가'라는 지표를 통해 한 제품의 보급 속도를 비교합니다.

넷플릭스는 3.5년, 페이스북은 10개월, 아이폰은 74일이 걸렸습니다.[26] 얼마 전 챗GPT는 유저 100만 명을 확보하는 데 5일밖에 걸리지 않았고, 스레드 Thread는 단 한 시간밖에 걸리지 않아 화제가 되기도 했죠.

그럼 테슬라 FSD는 앞으로 100만 유저를 확보하는 데 얼마나 걸릴까요? 2021년 말 2,000명 수준이었던 이용자 수는 2022년

9월 말 16만 명으로 늘어납니다. 그리고 같은 해 12월 말에는 40만 명까지 늘어났다고 하는데요.[27] 앞서 언급한 넷플릭스, 아이폰, 챗 GPT 등과 달리 FSD 가격이 무려 8,000달러에 달하는 점을 고려하면, 이용자 수와 보급 속도 모두 놀라운 수준이죠. 빠르면 2024년 경이면 100만 명이란 마일스톤milestone을 달성할 수도 있지 않을까 하는 기대를 품게 됩니다.

물론 제 생각보다 100만 명에 도달하는 데 훨씬 더 오랜 시간이 소요될 수도 있을 겁니다. 테슬라 내부 사정, 정부 규제, 소비자 반응 등 너무나도 많은 변수가 존재하니까요. 다만, 막연하게나마 FSD가 100만 이용자를 확보할 때쯤이면 운전 자동화 수준이 레벨 3에 가까워졌고, 본격적으로 자율주행 대중화가 시작되고 있을 거라고는 상상해볼 수 있지 않을까요?

테슬라 네트워크,
무인 택시는 현실이 될 수 있을까?

🚗 우버와 에어비앤비를 차량에: 테슬라 네트워크

두 번째 마스터플랜의 네 번째 계획은 차량을 사용하지 않을 때도 수익이 창출되도록 하는 것입니다. 이른바 '로보택시Robotaxi' 서비스를 시작하겠다는 것인데요. 로보택시란, 쉽게 말해 승차 공유 서비스인 '우버'와 숙박 공유 서비스인 '에어비앤비'를 결합한 형태의 여객 서비스라 할 수 있습니다. 차주가 테슬라 차량을 이용하지 않을 때, 자동차가 주차장에 머물지 않고 무인 상태로 거리를 돌며 승객을 태우고 요금을 받아 수익을 창출하는 방식입니다. 이렇게 얻은 이익은 차주와 테슬라가 나눠 갖게 되면서 양쪽 모두 기존에 없던 추가 이익을 얻을 수 있게 되는 겁니다.

돌이켜 생각해보면, 현재 우리가 자가 차량을 이용하는 방식은

테슬라에서 구상하는 로보택시를 이용한 라이드 셰어링 앱의 모습

펑장히 비효율적입니다. 주중에는 출퇴근할 때 잠깐 이용하고 대부분의 시간을 주차장에 세워둡니다. 주말은 어떤가요? 나들이나 여행을 위해 장시간 운전하는 경우가 있긴 하지만, 그렇지 않을 때는 아예 하루 종일 주차장에 세워두는 날들도 많습니다. 테슬라의 분석에 따르면 실제로 미국 운전자들의 한 주당 주행 시간은 10~12시간 내외에 불과합니다. 하루에 1~2시간꼴로 운전을 하고 나머지 시간에는 주차장 혹은 차고에 주차해두는 것이죠.[28] 이런 관점에서 보면, 수천만 원을 주고 구매한 제품을 오랜 시간 주차장에만 둔다는 게 무척이나 아깝고 또 아쉽게 느껴집니다.

테슬라가 계획하는 로보택시는 이처럼 버려지는 시간 동안 자동차를 활용해 추가적인 수익을 창출할 수 있게 하겠다는 의미입니다. 이용 방식도 매우 간단한데요. 테슬라 차주가 출근 시 자동차 이용을 마치고 앱을 통해 '로보택시 플릿Fleet♈에 투입하기' 버튼만 누르면, 테슬라 차량이 알아서 돌아다니며 승객을 태우고 다니는 겁니다. 차주가 다시 퇴근할 때가 되면 마찬가지로 앱에서 간단히 '소환' 버튼을 눌러 회사 앞으로 복귀시키면 되고요.

그렇다면, 우버나 리프트Lyft 같은 기존 라이드 헤일링Ride-hailing 서비스♈♈와 비교했을 때 테슬라 로보택시 서비스의 차별점은 무엇일까요? 바로 파격적인 요금입니다. 2019년 '오토노미 데이Autonomy Day' 행사에서 밝힌 바에 따르면, 테슬라에서 구상하는 로보택시 이용 요금은 1마일(약 1.6km)당 0.18달러(한화 약 230원) 수준에 불과합니다. 같은 거리를 우버나 리프트를 이용해 이동하고 지불하는 경우, 요금이 2~3달러 수준인 것을 감안하면, 로보택시의 이용 요금은 10분의 1도 안 되는 수준이죠. 가격만 고려하면, 승객 입장에선 테슬라 로보택시를 이용하지 않을 이유가 없습니다.

그렇다면 테슬라와 차주가 가져갈 수 있는 수익은 어느 정도 수준일까요? 테슬라의 계획은 승객이 지불하는 요금의 25~30%를 수수료로 가져가는 것입니다. 남은 70~75%를 차주가 수익으로 가

♈   운송·물류·유통 등을 목적으로 하는 차량 그룹
♈♈   원하는 시간에 원하는 위치에서 승차 서비스를 이용할 수 있는 호출형 승차공유 서비스

져가게 되는데요. 결국 차주에게 돌아오는 금액은 연간 약 3만 달러(한화 약 3,900만 원)로 예상됩니다.[29] 이 정도 금액이면 차주 입장에서도 끌릴 만합니다. 물론 모르는 사람이 자신의 차를 이용하거나 그 과정에서 차가 더럽혀지는 것을 싫어하는 차주도 많을 텐데요. 하지만 3만 달러 정도면 기꺼이 자신의 차를 로보택시로 내줄 사람도 적지 않으리라 예상됩니다. 또한 모르는 사람이 아닌 가까운 친구나 직장 동료, 친척 등 지인을 대상으로만 로보택시를 운영하는 것도 가능할 것입니다. 이런 수요도 분명 존재할 테니까요.

승객에게는 낮은 요금을, 차주에게는 높은 수익을 제공할 수 있는 이유는 바로 인건비가 제로이기 때문입니다. 로보택시 서비스는 어디까지나 운전자가 없는 '완전 자율주행'을 전제로 하고 있으니까요. 운전자가 없기에 인건비를 아낄 수 있고, 이를 통해 승객에게 저렴한 요금이라는 혜택으로 돌려주는 겁니다. 낮은 요금 덕에 승객이 늘어나면 차주는 더 높은 이익을 얻을 수 있게 되는 선순환으로 이어지고요. 이를 포함해 테슬라가 내놓을 새로운 로보택시 플랫폼은 일명 '테슬라 네트워크'라고도 불립니다.

테슬라 네트워크, 즉 로보택시 플랫폼을 운영하기 위해서 가장 먼저 필요한 것은 '충분한 양의 공급'입니다. 쉽게 말하면, 승객이 어디서 호출하든 이른 시간 안에 도착할 수 있을 만큼 충분한 규모의 차량을 운영해야 한다는 겁니다. 앞서 말했듯이 연 3만 달러라는 수익에 혹해 자신의 차량을 내줄 차주들도 많겠지만, 그 숫자를 정확히 예측하기는 쉽지 않습니다. 서비스 운영을 위해 테슬라가 필요로 하는 차량 숫자를 못 채울 수도 있다는 뜻이죠.

그런 이유로 테슬라는 로보택시 서비스에 자체 보유 차량을 활용할 계획도 보유하고 있습니다. 리스 계약 기간이 종료된 모델 3를 리스 이용자에 팔지 않고 회수해 로보택시로 활용하는 겁니다. 이렇게 되면 로보택시 운영에서 창출되는 수익도 차주와 공유하지 않고 테슬라가 100% 가져갈 수 있고요.

🚗 로보택시, 드디어 본격적으로 시작되나?

2024년 10월 10일, 일론 머스크는 로보택시 전용 차량인 사이버캡Cybercab을 공개합니다. 기존 일반 승용차를 로보택시로 활용하는 것이 아닌, 태생부터 로보택시 서비스를 위해 기획된 차량인데요. 놀랍게도 운전석에는 핸들과 페달이 없고, 차량 청소 또한 로봇을 통해 진행할 계획이라고 합니다. 운행과 관리에 인간이 일체 개입하지 않는, 자율 운행 택시를 만들고자 하는 것입니다.

내부 설계보다 더 놀라운 것은 사이버캡의 외관입니다. 슈퍼카처럼 하늘 방향으로 열리는 버터플라이 도어, 사이버트럭을 세단

테슬라에서 공개한 사이버캡의 이미지

화한 것과 같은 세련된 디자인을 갖추고 있습니다. 물론 아직 컨셉

디자인 단계이기는 하나, 누구든 '이 차를 한 번쯤은 타보고 싶다'

는 욕구를 느끼게 할 만큼 매혹적입니다.

사실 이제까지 '자율주행차' 하면 떠오르는 이미지는 그리 아름

답지 못했습니다. 일반 자동차를 개조해 상부에는 툭 튀어나온 라

이다LiDAR를 장착하고, 측면에는 자율주행 기술 개발 기업의 로고

를 덕지덕지 붙인 모습이 일반적이었는데요. 이러한 이미지 때문

만이라고 확신할 수는 없겠지만, 자율주행차를 바라보는 대중들

역시 '저게 정말 안전할까?', '우리가 저런 차를 타고 다니는 날이

정말 올까?' 하는 우려 섞인 시선을 보내곤 했습니다. 실제로 자율

주행 테스트 차량들이 인명 사고를 낼 때마다 각종 언론과 미디어에서 대서특필하며 '자율주행차는 위험하다'는 인식을 사람들의 머릿속에 깊이 각인시켰어요.

하지만 사이버캡은 3만 달러라는 저렴한 가격에도 불구하고 마치 SF 영화에서 튀어나온 듯한 멋진 디자인을 뽐내며, 마치 '이게 우리가 만들 미래다. 기대되지?'라고 말하는 듯합니다. 이제껏 자율주행차에 대해 갖고 있던 안전에 대한 우려는 일단 제쳐두고 일단 한 번 타보고 싶어집니다. 그만큼 멋진 사이버캡은 2026년경 양산 개시를 목표로 하고 있다고 하니, 이를 직접 경험할 기회도 그리 멀지 않은 것 같습니다.

보험까지 직접 제공하는 테슬라

또 한 가지 재미있는 사실은, 테슬라 네트워크에 참여하는 차량에는 테슬라가 운영하는 자체 자동차 보험 서비스가 제공될 예정이라는 겁니다.

완전 자율주행 자동차라고 해서 100% 무사고를 장담할 수는 없습니다. 따라서 로보택시에도 사고에 대비한 자동차 보험이 필요할 텐데요. 과연 컴퓨터가 운전하고 운전대조차 없는 택시에 보험 보장을 해줄 보험사를 찾는 것이 쉬운 일일까요? 제대로 된 보험 상품을 찾기도 어려울 것이고, 상품이 존재하더라도 차주 혹은 테슬라가 부담해야 할 보험료 규모는 무시무시한 수준일 겁니다. 그래서 테슬라는 로보택시 서비스가 출시되면 자체 보험 보장 서비스를 제공하겠다는 계획을 발표합니다.

사실 테슬라는 2019년 이미 테슬라 차주들을 대상으로 자체 보험사업을 시작했습니다. 보험사들이 테슬라 차량에 높은 보험료를 부과해 문제가 되었기 때문입니다. 일론 머스크의 말을 빌리자면, 미국에서 모델 3를 리스할 경우 한 달에 약 400달러(한화 약 52만 원)를 지불해야 하는데, 여기에 추가로 붙는 자동차 보험료만 월 100~200달러에 달합니다.

이러한 고객들의 부담을 덜기 위해 일론 머스크는 기존 손해보험사들보다 30% 더 저렴한 가격으로 보험 서비스를 제공하겠다고 선언합니다. 보험업에 메기 효과를 일으키고 테슬라 차주들의 불편한 점을 제거하겠다는 것인데요.

테슬라가 이렇게 자신 있게 저렴한 보험료를 내세운 근거가 있습니다. 일단 테슬라 차량은 일반 내연기관차 대비, 사고 가능성이 낮습니다. 지난 2024년 3분기 기준, 오토파일럿 기능 사용 시 사고 발생 확률은 약 708만 마일당 1건 수준이라고 하는데요. 미국 도로교통국NHTSA에서 발표한 미국 평균 사고율이 67만 마일당 1건 수

준이니, 약 10배 이상 안전한 셈입니다.[30]

그뿐만 아니라 사고 발생 시 상해율도 낮습니다. 실제로 2018년 미국 도로교통국에서 진행한 조사에서 모델 3와 S, X는 가장 낮은 교통사고 상해율을 기록했는데요.[31] 이는 내연기관차보다 낮은 무게중심 덕분입니다. 무거운 하중의 배터리 팩이 스케이트보드 형태로 바닥에 깔려있어, 사고 시 쉽게 전복되지 않는 겁니다. 이렇게 경쟁사 차량보다 더욱 안전하다는 근거가 있기에, 테슬라가 차주로부터 받는 보험료 역시 저렴해질 수 있겠죠.

테슬라는
왜 SDV를 만들었나?

🚗 테슬라를 애플에 비유하는 이유

테슬라의 로보택시 서비스 계획과 관련해 가장 흥미로운 사실 하나를 꼽아볼까요. 바로 기존 테슬라 차량의 오너들까지 자신의 차량을 로보택시로 활용할 수 있게 될 것이라는 점입니다. 로보택시 서비스를 위한 자율주행 소프트웨어와 전용 하드웨어가 완성되기 전에 만들어진 차량임에도 불구하고, 소프트웨어만 배포받으면 수백만 대의 테슬라 차량이 언제든 로보택시 플릿으로 투입될 수 있는 겁니다.

이는 마치 스마트폰의 운영체제^{OS}를 연상케 합니다. 아이폰이나 갤럭시의 OS는 계속해서 업그레이드되며 새로운 버전이 출시됩니다. 이때 최신 버전의 OS에서 보유한 신기능이나 개선된 사용자 경험은 신제품뿐 아니라 수억, 수천만 대의 기존 기기 사용자들까지 모두 누릴 수 있죠. 이렇게 자동차에서도 스마트폰 OS와 같은 운영 방식을 가능하게 만들었기에 많은 사람들이 테슬라를 자동차계의 애플이라 부르며, 테슬라 자동차를 아이폰 같은 스마트폰에 비유하고는 하는데요.

이 같은 운영 방식이 가능한 이유는 테슬라가 애초에 자동차를 스마트폰이나 PC와 같은 전자 제품으로 정의하고 '소프트웨어 중심의 자동차', 즉 SDV^{Software Defined Vehicle}를 완성했기 때문입니다. SDV는 말 그대로 소프트웨어에 의해 정의되는 자동차, 즉 소프트웨어가 그 가치를 결정하고 부여하는 자동차로 해석할 수 있습니다. 또 일각에서는 SDV를 OTA(무선통신으로 소프트웨어를 업데이트하는 기술)의 동의어로 보기도 합니다. 테슬라 자동차는 정비소에 들르지 않고도 스마트폰 OS 업데이트처럼 소프트웨어를 원격으로 업데이트할 수 있는데요. 이런 원거리 소프트웨어 업데이트만 가능하면 다 SDV가 아닌가 하는 거죠. 모두 어느 정도는 맞는 말이지만, 정확하게는 핵심에서 조금 빗겨나 있습니다.

그래서 이번에는 테슬라가 구현한 SDV의 정의와 SDV가 자동차 산업에 갖는 함의에 관해 이야기해보려 합니다. SDV란 무엇이며, 테슬라가 SDV를 만든 이유는 무엇일까요? 그리고 기존 OEM들도 과연 SDV를 잘 만들 수 있는지 알아보겠습니다.

SDV에 대해 본격적으로 이야기하기에 앞서, 그 배경이 되는 자동차 산업의 역사를 잠시 짚고 넘어가려 합니다. 크게 두 가지, '모듈화'와 '전장화' 트렌드에 대한 이야기입니다.

20세기 초, 거리를 달리던 초창기 자동차의 모습을 본 적이 있으신가요? 자동차가 이제 막 마차를 대체하기 시작하던 시절의 자동차의 외형과 구조는 단순하기 그지없습니다. 마치 오늘날의 휠체어에 바퀴와 운전석만 달아놓은 느낌이라고 할까요.

이렇게 단순한 모습이었던 자동차가 시간이 흐르며 점점 우리가 아는 복잡한 형태로 변화해갑니다. 엔진과 파워트레인이 고도화되고, 사용자 편의를 위해 기존에 없던 에어컨이나 오디오, 와이퍼, 백미러 등이 하나하나 추가됩니다. 자연히 자동차의 구조는 복잡해지고, 부품의 가짓수는 많아질 수밖에 없겠죠.

수백 개 내외였던 부품 수가 2~3만 개 수준까지 늘어나자, 자동차를 제조하는 OEM들은 고민하기 시작합니다. 수많은 부품들을 직접 구매하고 재고를 관리하자니 일이 너무 복잡하고 비용도 많이 드는 겁니다. 한 가지 부품이라도 부족하면 자동차를 만들 수 없으니, 관리를 소홀히 할 수도 없는 노릇이고요.

그래서 생각해낸 방법이 '모듈module화'입니다. OEM과 직접 거래하는 부품 공급사를 티어^{Tier} 1 공급사라고 하는데요. 이런 티어 1 부품 공급사들이 OEM 대신 티어 2, 티어 3 업체로부터 부품을 조달하고 일부 조립까지 진행해, 반조립 형태의 모듈 단위로 납품하는 겁니다.

예를 들어, 예전에는 OEM이 자동차 운전석을 만들기 위해 직접 볼트와 너트부터 스위치, 핸들까지 모든 부품을 구매해 A부터 Z까지 직접 제조했다면, 이제는 '콕핏^{Cockpit}(운전석) 모듈'이라는 형태로 완성된 반조립체를 구매하는 겁니다. 이렇게 콕핏 모듈을 비롯해 섀시 모듈, 도어 모듈, 프론트엔드 모듈 등을 납품받아 모듈끼리 조립만 하면 자동차가 완성되니, SCM(공급망 관리)이 훨씬 수월해지는 겁니다.

모듈 기반 공급 체계가 전 세계 자동차 시장에서 표준으로 자리 잡으면서 자동차 업체들은 일이 한결 가벼워집니다. 재고관리나 하청 업체 관리 업무에 힘을 덜 수 있고, 조립 공정에 투입되는 인력과 설비도 감축해서 몸집도 줄일 수 있게 됩니다. 하지만 이는 티어 1 부품 공급사들에 상당 부분의 개발 주도권이 이양됨을 뜻하기도 합니다. OEM들이 요구하는 스펙만 맞추면 부품을 어디서 조달하고 어떻게 조립하는지는 티어 1 업체가 주도적으로 결정할 수 있다는 겁니다.

이런 상황에서 '전장화'라는 또 하나의 트렌드가 찾아옵니다. 전장電裝이란 자동차에 탑재되는 전기·전자 장비를 말하는데요. 환경 규제 대응을 위해 주행 상황에 맞춰 엔진 상태를 제어한다든지, 주차나 차선 유지를 손쉽게 할 수 있도록 ADAS 기능을 추가하면서 자동차도 컴퓨터처럼 조금 '더 똑똑해질 필요'가 생겼습니다.

이를 위해 자동차를 구성하는 주요 부품이 기존의 기계식·유압식에서 전장 부품으로 바뀌게 됩니다. 자동차에 쓰이는 전자 부품은 크게 세 가지로 센서, 제어기, 액추에이터actuator로 구분됩니다. 센서가 주변 환경을 '인지'하면 반도체로 구성된 제어기ECU, Electronic Control Unit가 인간의 두뇌처럼 이를 '판단'해 명령을 내리고, 유체 에너지를 이용해 기계적인 작업을 하는 기기인 액추에이터가 차량 장치를 '제어'해 움직이게 됩니다.

전장 부품 비중이 높아지면서 기계장치였던 자동차는 점점 스마트폰이나 노트북 같은 IT 제품으로 변화하고 있는데요. 실제로 글로벌 컨설팅 회사인 딜로이트의 분석에 따르면, 자동차 원가 중 전장 부품이 차지하는 비중은 2000년 18% 수준에서 2020년 40%까지 상승했습니다.[32] 또한 자율주행과 같은 신기술이 적용되면서 그 비중이 앞으로 지속적으로 상승할 것으로 예상된다고 합니다. 사실상 우리가 타고 있는 오늘날의 자동차는 이미 반半전자 제품이 됐다고 볼 수 있는 겁니다.

문제는 이렇게 전장화가 진행되는 과정에서 전장 부품의 개발

주도권도 티어 1 업체들이 쥐고 있었다는 사실입니다. 그렇다 보니 전장 부품의 표준이나 호환성에 대해 정립이 이뤄지지 않은 상황에서 업체별로 저마다 다른 방식으로 개발을 하게 되는데요. 그 결과, 자동차 하나에 두뇌 역할을 하는 제어기가 100여 개나 들어가고, 그 100여 개의 제어기도 모두 각기 다른 OS로 작동하는 사태가 발생합니다. 사람으로 비유하자면 팔, 다리, 귀마다 모두 각 부위를 위한 뇌가 따로 달린 셈이랄까요. 더구나 뇌마다 구사 가능한 언어가 달라 팔다리 간에 소통까지 안 되는 겁니다.

실제로 미국 포드사의 CEO인 짐 팔리^{Jim Farley}는 이러한 상황을 아래와 같이 설명합니다.

> "우리는 자동차를 컨트롤하는 모든 모듈을 외부 공급사에 맡겼습니다. 그렇게 하면 공급사 간의 가격 경쟁을 유도할 수 있으니까요. (……) 우리 자동차에는 반도체가 사용되는 모듈이 150여 개 있습니다. 문제는 이러한 모듈을 작동시키는 소프트웨어가 150개의 서로 다른 공급사에 의해 만들어지고, 이로 인해 모듈 간 소통이 불가하다는 겁니다."
>
> — 짐 팔리, 포드 CEO [33]

이런 문제로 인해, 기존 OEM들이 생산하던 전장화된 자동차는 비효율적일 수밖에 없었습니다. 각 제어기를 이어주는 배선도 길고 복잡하게 구성될 수밖에 없었고, 유사한 기능을 수행하는 제어기가 대여섯 개씩 존재하기도 했죠. 바꿔 말하면 품질 이슈가 발생할 지점도 많고, 원가나 기능 측면에서 개선해야 할 요소도 많았다는 겁니다. 하지만 기존의 티어 1 업체 중심의 SCM 운영 체계에서 이는 어쩔 수 없는 상황이었고 어찌저찌해서 자동차는 별문제 없이 굴러가게 만들어왔습니다.

🚗 자동차를 움직이는 하드웨어

이런 상황에서 테슬라가 돌연 SDV라는 것을 '짜잔' 하고 만들어냅니다. 이게 뭔가 하고 보니, 100여 개의 제어기가 필요했던 타사 자동차와 달리, 단 네 개의 중앙화된 제어기만으로 자동차의 모든 기능을 통제할 수 있다는 겁니다. 또 차주에게 차량이 인도된 후에도 소프트웨어 원격 업데이트로 하드웨어 기능을 개선시킬 수 있다고 하고요. 앞서 전장화 트렌드를 이야기하면서 자동차가 이제는 반전자 제품이 됐다고 이야기했었죠. 테슬라는 자동차를 PC, 스마트폰과 다르지 않은 진짜 전자 제품으로 재탄생시킵니다.

정리하면, 테슬라가 만들어낸 SDV란 운영하고자 하는 소프트웨어 구동에 최적화된 방식으로 하드웨어 아키텍처를 설계한 자동차를 말합니다. 기존 자동차 OEM들이 하던 것과 정반대의 방식이죠. 어떤 소프트웨어를 구동할지 먼저 결정하고, 소프트웨어를 통해 차량 전체를 통제하는 방식으로 구조를 다시 만든 겁니다.

이를 위해선 기존에 복잡한 구조로 산재해있던 100여 개의 제어기부터 정리해야겠죠. 테슬라는 물리적 거리에 따라 구역을 나누고, 구역마다 한 개의 제어기가 모든 기능을 통제하도록 합니다. 이렇게 네 개의 중앙화된 제어기가 구역별 기능을 통제하는 방식을 '조널 아키텍처Zonal Architecture'라고도 합니다.

이런 방식에는 어떤 장점이 있을까요? 일단 복잡했던 배선부터 단순해집니다. 부품과 제어기 간의 물리적 거리가 짧아지는 것은 물론이고, 중복 기능이 사라지면서 불필요한 배선도 사라지게 되니까요. 또한 중앙에서 모든 기능을 통제하면서 소프트웨어와 하드웨어를 분리하는 것이 가능해집니다. 애플의 iOS처럼 하나의 단일화된 OS만으로 기존 하드웨어의 기능을 일괄적으로 통제하고 업그레이드할 수 있게 됩니다. 테슬라를 흔히들 '바퀴 달린 컴퓨터', '자동차계의 애플'이라고들 부르는 배경에는 이런 맥락이 숨어 있는 겁니다.

그렇다면, 테슬라는 왜 이런 SDV를 만든 것일까요? 일단 IT 하드웨어 및 소프트웨어를 설계하던 실리콘밸리 엔지니어들의 관점에서 보면 자동차란 제품의 구조 자체가 이해 불가한 비효율적 존재였을 겁니다. 마치 CPU가 100개 달린 컴퓨터를 보는 것 같았을 테니까요. 자신들이 익숙하고 개발하기 편리한 방식으로 뜯어고치고 싶었을 게 당연합니다.

또 SDV를 통해 구현할 수 있는 OTA 기능이 가져다줄 장점도 크다고 봤을 겁니다. 출시 시점을 앞당겨 부족한 현금 흐름을 메우고, 미흡한 기능이 있다면 나중에 업데이트를 통해 제공할 수 있으니까요. 이렇게 지속적인 업데이트로 차량 가치를 제고하면 소비자들이 느끼는 신차에 대한 니즈도 줄어들 것이고요. 그리고 기존 OEM들의 골칫거리인 리콜 문제 역시 소프트웨어 업데이트만으로 상당 부분 해소하면서 비용을 절감할 수도 있으리라 예상했을 겁니다.

하지만 이런저런 이유를 차치하고, 가장 본질적인 이유는 바로 자율주행 기능 때문이었을 겁니다. 자율주행 구현에 대한 기대가 없다면, 현재 테슬라의 시가총액은 불가능했을 것이라고 모두가 입을 모아 말할 정도니까요. 그만큼 자율주행 기능은 오늘날 자동차 산업의 수익 구조 자체를 바꿔놓을 중요 과제입니다. 제어기 수백 개를 덕지덕지 엮어놓은 기존 자동차의 구조로는 당연히 테슬라가 원하는 자율주행 기능의 개발이 불가능했을 겁니다. 테스트, 수정, 학습, 배포의 과정을 끊임없이 반복하면서 자율주행 기능을 향상시켜 가는 테슬라의 진화적 접근법을 구현하기 위해서는 무엇보다 기존의 스마트폰이나 PC와 동일한 구조의 전자 제품이 필요했을 테니까요.

놀라운 건 이렇게 중앙 집중형 아키텍처를 완성한 것이 지난 2019년이라는 사실입니다. 당시는 테슬라가 매 분기 적자 위기에 시달리며, 기업의 존속 여부 자체도 불확실했던 시절이죠. 이런 시절부터 완전 자율주행 구현을 염두에 두고 자동차를 바닥에서부터 다시 설계해 전자 제품으로 만들어냈다는 사실이 대단할 따름입니다.

2020년 일본 언론지인《닛케이 오토모티브Nikkei Automotive》에서는 실제로 모델 3를 분해해 중앙화된 아키텍처를 눈으로 확인하고 충격적이라고 표현했는데요. 폭스바겐 같은 글로벌 OEM은 물론이고, 자국의 토요타보다 '6년은 앞서있다'고 평가합니다.[34] 실제로 2024년 1월 현재 테슬라를 제외하면, 전통 OEM 중 조널 아키텍처 방식의 중앙 집중화된 SDV를 구현한 업체는 아직 찾아보기 힘듭니다. 미래 자동차 개발에 가장 적극적인 업체 중 하나라는 우리나라의 현대차가 2025년까지 전 차종을 SDV화하겠다고 발표했으니, 닛케이가 예측했던 6년 격차가 꽤나 정확했던 것 같습니다.

🚗 기존 자동차 업체들의 SDV 현주소

6년 정도 뒤처져 있는 기존 OEM들은 과연 목표대로 SDV를 완성해낼 수 있을까요? 애초에 테슬라가 어떻게 SDV를 완성할 수 있었는지를 따라가다 보면 그 답을 추측해볼 수 있지 않을까 싶은데요.

테슬라가 잘할 수 있었던 가장 큰 이유는 짊어지고 가야 할 레거시legacy의 부담이 없었기 때문입니다. 앞서 말했듯 기존 OEM들은 오랫동안 티어 1 공급사 중심의 생태계에 의존해왔습니다. 또 티어 1~3 부품 업체들과 상생하고 공존하는 관계에 놓여있기도 했고요. 따라서 이들로부터 납품받는 제어기의 개수가 줄고, 소프트웨어의 경우 분리해 별도로 개발·발주한다는 것은 이러한 부품사들의 생존이 위협받을 수도 있다는 것을 뜻합니다.

애초에 부품사들과 별 다른 관계가 없던 테슬라는 모든 걸 바닥에서부터 시작할 수 있었습니다. 짊어져야 할 레거시 부담도 없고, 독자적으로 개발할 수 있는 역량도 충분히 보유하고 있었고요. 그래서 하나하나 직접 새로 개발해나가기 시작합니다. 실제로 테슬라는 모델 S 이후 지속적으로 제어기 자체 개발을 추진해왔는데요.

지난 2023년에 발표한 세 번째 마스터플랜의 내용에 따르면, 모델 S에서는 20% 수준에 불과했던 자체 개발 비중이 모델 3에서는 56% 수준까지 상승했습니다. 그리고 사이버트럭에서는 85%, 차세대 모델에서는 100% 수준으로 자체 개발 제어기만을 사용하는 것을 목표하고 있고요. 이는 곧 테슬라가 자동차의 더 세밀한 부품 하나하나까지 소프트웨어를 통해 완전히 통제할 수 있게 됨을 뜻합니다. 자동차가 완전히 전자 제품화되는 겁니다.

그렇다고 기존 OEM들이 SDV를 영영 못 할 것이라고 보지는 않습니다. 다만, 기존 공급 생태계를 안고 앞으로 나가기 위해서는 아무래도 그 변화가 단계적으로 진행될 수밖에 없을 것입니다.

테슬라가 완성한 조널 아키텍처로 가기 위한 중간 단계로 OEM들은 '도메인 아키텍처Domain Architecture'를 목표로 삼고 있습니다. 조널 아키텍처가 차량의 인접한 부위끼리 물리적 구역 단위로 제어기를 통합했다면, 도메인 아키텍처는 기능을 중심으로 통합하는 건데요. 예를 들어, 파워트레인 제어기, 인포테인먼트 제어기, ADAS 제어기 등 차량이 제공하는 주요 기능별 제어기를 하나로 통합하는 겁니다.

물론 그 과정에서 기존 공급 생태계에 많은 진통과 다툼이 예상됩니다. 먼저 주도권을 놓고 싶지 않은 기존 티어 1 업체와의 갈등이 있을 수 있겠죠. 또 구글이나 애플 같은 IT 업체들이 통합 OS 시장

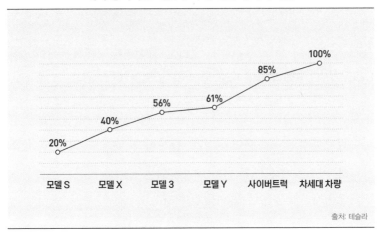

계속 증가하는 테슬라 자체 개발 제어기 비중

20% 모델 S
40% 모델 X
56% 모델 3
61% 모델 Y
85% 사이버트럭
100% 차세대 차량

출처: 테슬라

에 침투하며 기존 사업자의 먹이를 채가려 할 수도 있을 겁니다.

또한, 부품사로부터 독립해 OEM이 독자적으로 전 부품을 아우르는 통합 OS 소프트웨어를 개발할 수 있는가 하는 '역량'의 문제도 있을 것입니다. 앞서 언급했던 포드사의 CEO 짐 팔리는 이 문제에 대해 다음과 같이 이야기합니다.

"우리는 2세대 전기차에서부터 전기·전자 아키텍처를 완전히 내재화해서 만들기로 결정했습니다. 그렇게 하기 위해서는 모든 소프트웨어를 직접 다시 써 내려가야 하는데요. 하지만 자동차 회사는 이렇게 소프트웨어를 직접 만들어본 경험이 없습니다. 우리는 자동차를 작동시

일론 머스크 플랜3

키기 위한 소프트웨어를 말 그대로 난생처음 만들어나가고 있습니다."

— 짐 팔리, 포드 CEO [35]

그럼에도 불구하고 테슬라와 같이 자율주행이라는 엄청난 잠재 수익원을 창출하기 위해, SDV는 결코 포기할 수 없는 과제입니다. 자율주행 기술이 완성됐을 때, SDV 하드웨어를 보유한 업체만이 그 과실을 더 크게 누릴 수 있을 테니까요.

🚗 소비자가 생각하는 테슬라 자동차의 미래 가치

소비자들이 테슬라를 구매하는 주요 이유 중 하나는 미래 가치에 있습니다. 물론 뛰어난 주행 성능이나 충전 편리성, 경쟁력 있는 가격 등 현재 제공하는 여러 가치들만 놓고 보더라도 테슬라에는 많은 장점이 있습니다. 하지만 미래에 얻게 될 추가적 효용에 대한 기대감도 큰 몫을 할 겁니다. 언젠가 FSD가 완성됐을 때 이를 이용해 완전 자율주행 자동차로 업그레이드할 수 있을 것이라는, 더 나아가 자신의 차량을 로보택시로 활용해 부수입을 올릴 수도 있을 거라는 기대감 말입니다.

간단한 소프트웨어 업그레이드만으로 기존 소비자들에게도 큰 효용을 제공해줄 수 있다는 점은 고객들뿐 아니라 테슬라에게도 큰 메리트로 작용합니다. 일단 FSD의 판매 가능 시장부터 확 넓어집니다. 신차 구매 고객뿐 아니라 수백만 명의 기존 고객을 대상으로 소프트웨어 판매 수익을 창출할 수 있으니까요. 또한 앞서 언급한 로보택시 서비스 운영에 기본적으로 필요한 수십, 수백만 대의 플릿을 확보하기에도 용이하겠죠.

반면, SDV를 구현하지 못하는 자동차 제조사들에게는 큰 고민 거리가 생길 것입니다. 당장 판매 중인 제품의 구매 매력은 떨어지고, 자율주행 기능을 완성하더라도 후발 주자로서 타깃 가능 시장도 점점 줄어들 테니까요. 전통 자동차 제조사들이 부지런히 테슬라를 좇아 SDV 개발에 매진할 수밖에 없는 이유입니다.

3

세 번째 계획:
재생 가능한 미래로 전환한다

세 번째 마스터플랜

2023

1. 현존하는 전력망을 재생에너지로 대체한다.

2. 기존 내연기관차를 전기차로 전환한다.

3. 기존 가정용·산업용 열원을 히트펌프로 대체한다.

4. 히트펌프로 공급 불가한 고온의 열에너지를 전기로 생산하고,
   그린 수소를 활용한다.

5. 비행기와 선박의 연료를 재생에너지로 대체한다.

테슬라는
지속 가능한 미래에 진심이다

🚗 드디어 공개된 세 번째 마스터플랜

2023년 3월 1일, 일론 머스크는 '인베스터 데이Investor Day' 행사를
통해 드디어 세 번째 마스터플랜을 공개합니다.

근본적으로 '테슬라라는 기업이 무엇을 위해 존재하는 회사인
지'를 다시 한번 되짚어준 자리였는데요. 테슬라의 공식적인 미
션은 "지속 가능한 에너지로의 전 세계적 전환을 가속화하는 것To
accelerate the world's transition to sustainable energy"입니다. 그동안은 테슬라가
전기차는 물론이고 태양광발전 시설, 로봇, 배터리, AI까지 온갖 제
품과 관련된 계획을 발표하다 보니, 그 본원적인 목표와 존재 이유
가 무엇인지 잠시 흐려졌던 것 같습니다.

다시 한번 짚고 넘어가자면, 테슬라가 이 모든 사업을 벌이는 가

장 근본적인 이유는 결국 기후변화를 막고 지속 가능한 미래를 만들기 위함입니다. 하지만 여전히 많은 사람들이 지속 가능한 에너지로의 전환은 현실적으로 불가능하다거나 어려운 일이라고만 생각합니다.

복잡하게 계산할 것도 없이 우리가 태양광이나 풍력 등 100% 재생에너지로 구성된 전력 발전 시스템에 의존해 살아갈 수 있을지 상상해봅시다. 현재 대부분의 국가에서 의존하는 화석연료와 원자력을 모두 대체할 수 있을 만큼 재생에너지에 과감히 투자할 수 있을지 의문부터 들 겁니다. 또 전기차와 ESS의 생산량도 대폭 늘려야 하는데, 이에 필요한 배터리 광물은 부족하지 않을까 걱정이고요.

테슬라의 세 번째 마스터플랜은 위와 같은 고정관념들에 반기를 듭니다. 또 지속 가능한 에너지가 중심이 되는 경제로의 전환이 생각보다 훨씬 더 현실적이고 달성 가능한 목표임을 상세히 분석해서 제시합니다. 이번 장에서는 테슬라가 세 번째 마스터플랜에서 제시한 계획의 상세 내용을 꼼꼼히 짚어보려고 합니다.

테슬라가 제시한 국제에너지기구의 통계에 따르면, 지구상에 공급 중인 에너지는 연간 165PWh(페타와트시) 규모입니다. 전기차 한 대의 배터리 용량이 대략 70kWh 내외 수준으로 알려져 있는데요. 이 kWh의 1조 배가 바로 PWh입니다. 165PWh는 2조 3,000만 대의 전기차 배터리에 해당하는 분량의 에너지입니다. 이 중 석탄, 석유 등 화석 에너지의 공급 비중은 약 81% 수준입니다.

놀라운 사실은 테슬라의 분석에 따르면 공급되는 에너지의 절반 이상이 낭비되고 있다는 겁니다. 연료가 에너지나 열로 변환돼 수요처에 사용되기까지 발생하는 손실로 인해 64%가량이 중도에 버

지속 가능한 에너지 경제

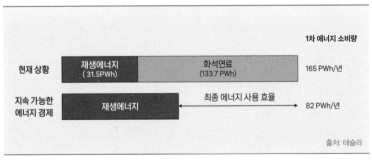

현재의 화석 에너지 기반 경제를 재생에너지 중심으로 운영 시, 필요 에너지 총량은 절반가량으로 줄어듭니다. 이것은 테슬라의 목표이기도 합니다.

일론 머스크 플랜3

려지고, 실제로 사용되는 건 36% 정도입니다. 특히 자동차 연료로 사용되는 가솔린의 경우, 실제 에너지로 사용되는 비중이 20% 이하에 불과하다고 하는데요.

기존 화석연료를 모두 재생에너지로 대체할 경우 에너지 효율이 월등하게 개선된다는 것이 테슬라의 추정입니다. 낭비되는 에너지가 줄어들면서, 기존 165PWh의 절반 수준인 82PWh 정도의 양으로 전 지구의 전력 시스템을 운영할 수 있다는 겁니다. 이런 추정이 지나치게 낙관적이지 않은, 오히려 다소 비관적인 가정에 기반해 보수적인 방식으로 책정됐다는 사실이 놀라울 따름입니다.

테슬라가 제시한 다섯 가지 해결책

그렇다면, 이렇게 에너지 낭비를 일으키는 화석연료를 100% 대체하기 위해선 무엇이 필요할까요? 테슬라는 거시적인 관점에서 다섯 가지 계획을 제시합니다.

❶ 현존하는 전력망을 재생에너지로 대체(전체 화석연료의 35%)
말 그대로 화석연료에 기반한 기존의 전력 생산 시설을 태양광, 풍력 등의 재생에너지 발전으로 100% 대체한다는 계획입니다. 이게

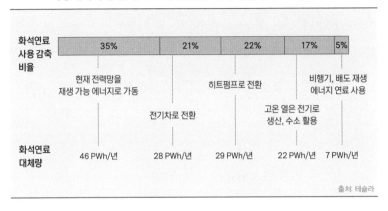

재생에너지 중심 경제로의 전환을 위해 테슬라가 수립한 목표

화석연료 사용 감축 비율	35%	21%	22%	17%	5%
	현재 전력망을 재생 가능 에너지로 가동	전기차로 전환	히트펌프로 전환	고온 열은 전기로 생산, 수소 활용	비행기, 배도 재생 에너지 연료 사용
화석연료 대체량	46 PWh/년	28 PWh/년	29 PWh/년	22 PWh/년	7 PWh/년

출처: 테슬라

가능할까 싶겠지만, 재생에너지 발전 시설의 보급이 이미 빠른 속도로 진행되고 있다는 게 테슬라의 설명입니다. 미국만 해도 2022년 신규 건설된 발전 시설의 약 60%가 태양광발전이었으며, 태양광발전 시설의 신규 설치 규모는 매년 50% 수준으로 어마어마하게 빠른 속도로 성장하고 있습니다. 이런 속도면 우리가 미처 알아채기도 전에 빠르게 화석연료 발전 시설을 대체할 수 있을 겁니다.

❷ 기존 내연기관차를 전기차로 전환(전체 화석연료의 21%)

바로 테슬라의 중점 사업이죠. 지구상의 자동차를 모두 전기차로 전환하는 겁니다. 재생에너지와 마찬가지로 전기차의 침투도 기존 예상보다 훨씬 빠른 속도로 진행되고 있습니다. 2022년 기준 전기차 점유율이 전체 자동차 판매량의 10%를 돌파했고, 전년 대비로는 59%나 증가했습니다. 이대로라면 내연기관차는 무리 없이 모두 전기차로 전환될 것이고, 특히 자율주행이 도입된다면 그 속도는 더 가속화될 것이라고 하는데요. 완전 자율주행 기반의 로보택시가 도입된다면, 로보택시로 투입 가능한 기존 테슬라 차량의 활용률이 상승하면서 내연기관 차량의 구입 수요가 감소할 것으로 예상되기 때문입니다.

일론 머스크는 여기서 특별히 내연기관차와 비교해 전기차가 가진 높은 에너지 효율을 강조합니다. 모델 3의 경우, 미국에서 가장 잘 팔리는 차량 중 하나라고 하는 토요타의 코롤라Corolla 대비 무려 네 배 가까이 효율이 높습니다. 냄비 하나를 끓이는 데 드는 에너지 정도면 모델 3를 무려 1.6km나 움직일 수 있다고 하니, 테슬라 전기차의 에너지 효율이 생각보다 높은 것으로 보입니다.

❸ 기존 가정용·산업용 열원을 히트펌프로 대체(전체 화석연료의 22%)

기존 가스히터 등의 난방장치를 히트펌프heat pump로 대체하는 겁니다. 히트펌프라는 단어가 생소하실 텐데요. 히트펌프는 냉매의 압축과 팽창을 통해 열원에서 수요처로 열을 이동시키는 장치입니다. 열의 흐름을 반대로 뒤집은 에어컨이라고 생각하면 이해하기가 쉬울 것 같은데요. 전기차에 히트펌프를 탑재하면, 배터리나 인버터에서 발생한 열을 끌어와 좌석 내 난방에 활용할 수 있습니다. 배터리 에너지를 활용해 열을 만들어낼 필요가 없으니, 에너지 효율이 자연히 상승하겠죠.

사실 히트펌프는 이미 전 세계 건물 난방의 10%를 차지하고 있으며 보급 성장률도 연 10%에 달합니다. 세계 각국에서 탄소 중립을 위해 앞다퉈 히트펌프를 도입하고 있기 때문입니다. 가장 적극적인 유럽의 경우, 이미 2,000만 대의 히트펌프가 보급되어 있으며, 최근 탄소 감축을 위해 2030년까지 무려 6,000만 대의 히트펌프를 추가로 보급하겠다는 공격적인 목표를 내놓기도 했습니다.[36]

환경 운동에 가장 적극적인 인사로 알려진 빌 게이츠 또한 저서 《기후 재앙을 피하는 법》에서 기후변화를 막기 위한 중요한 움직임 중 하나가 히트펌프의 보급률을 높이는 것이라고 주장한 바 있고요.

그뿐만 아니라 히트펌프 도입은 다른 네 가지 영역에 비해 투자 필요 금액이 상대적으로 낮으면서 화석연료 대체 효과는 높다는 장점이 있습니다. 따라서 지속 가능한 미래를 달성하는 데 있어 가장 손쉬운 방법이 될 수도 있을 겁니다. 테슬라 또한 현재는 자동차에만 히트펌프를 사용하고 있지만, 향후 가정용 히트펌프를 별도로 만들지도 모른다는 언질을 주기도 합니다.

**❹ 히트펌프로 공급 불가한 고온의 열에너지를 전기로 생산하고,
그린 수소를 활용(전체 화석연료의 17%)**

다만 앞에서 이야기한 히트펌프는 200℃ 이하의 열만 공급할 수 있다는 한계가 존재합니다. 하지만 시멘트나 철강 등을 만드는 데는 적게는 400℃에서 수천 도에 이르는 고온의 열이 필요합니다. 그렇기 때문에 이런 산업용 고온 수요에 대해서도 지속 가능한 대안이 필요한데요. 테슬라는 전기를 활용한 화로인 전기아크로, 전기저항로 등을 해결책으로 제시합니다. 그뿐만 아니라 재생에너지가 수요 대비 초과 공급될 시 이를 열로 전환해 산업용으로 활용하는 방안을 보완책으로 언급합니다.

또 산업용 수소의 생산 및 활용을 제안하는데요. 현재 수소는 화석연료를 정제하거나 철강 등을 생산하는 과정에서 부산물로 생산되고 있습니다. 이런 수소의 재활용은 당연히 화석연료의 지속적인 활용을 전제로 합니다. 반면 테슬라가 세 번째 마스터플랜에서 말하는 수소란 화석연료를 사용하지 않는 '그린 수소'인데요. 물을 전기분해해 수소를 만들고, 이를 산업용 에너지로 활용하는 겁니다. 수소를 재생에너지로 사용하는 경제성에 대해서는 여러 갑론을박이 있어왔는데요. 비록 일론 머스크 본인이 줄곧 이동용 연료로서는 수소 사용을 반대해왔지만, 산업용으로는 쓸모가 있다고 공식적으로 인정합니다.

❺ 비행기와 선박의 연료를 재생에너지로 대체(전체 화석연료의 5%)

자동차뿐 아니라 비행기나 배도 전동화하는 겁니다. 적어도 단거리 운항 노선을 대상으로 배터리 기반의 비행과 항해가 가능하다고 일론 머스크는 말하는데요. 다만, 전기차가 주행 효율을 극대화하기 위해 전용 플랫폼을 필요로 했듯, 전기 비행기, 전기 선박에 최적화된 새로운 설계가 필요할 것이라고 강조합니다.

장거리의 경우 전동화가 어려울 것이라는 데 테슬라도 동의합니다. 아마 배터리를 점점 더 많이 싣다 보면 무게가 늘어 운항 효율이 감소하고, 이 때문에 다시 더 많은 배터리를 실어야 하는 악순환이 벌어지기 때문일 겁니다. 그래서 장거리 노선의 비행기를 대상으로는 재생에너지로 만든 합성 연료의 사용을 제안합니다. 재생에너지를 활용한 전기분해를 통해 수소와 일산화탄소를 합성해 연료로 활용하는 겁니다.

재생에너지로의 전환에 필요한 것

그렇다면, 다섯 가지 계획을 이행하는 데는 어떤 투자와 노력이 필요할까요? 요약하면 다음과 같습니다.

- 30TW의 재생에너지 발전 시설과 240TWh의 배터리
- 10조 달러의 설비투자(2022년 전 세계 GDP의 10% 수준)
- 지구 면적의 0.2%에 해당하는 토지
- 자원 부족 제약은 없음

이렇게만 보면 이게 과연 현실적으로 달성 가능한 숫자인지, 얼마나 큰 숫자인지 감을 잡기 힘드실 텐데요. 먼저 30TW(테라와트)의 재생에너지 발전 시설과 240TWh(테라와트시)의 배터리의 경우, 지금 수준의 연간 보급량으로는 많이 부족한 게 사실입니다. 연간 보급량을 기준으로 2022년 대비 재생에너지 발전 시설은 세 배, 배터리 생산은 29배, 전기차 판매량은 11배나 더 커져야 합니다.

다만 테슬라의 설명에 따르면, 이는 현재의 시장 성장 속도가 지속되고, 조금만 더 가속화된다면 충분히 달성 가능한 수치입니다. 실제로 테슬라의 에너지 사업 역시 2016년 이후 연평균 65%라는 엄청난 속도로 성장해왔고, 관련 시장 역시 이와 크게 다르지 않은 빠른 속도로 커지고 있습니다. 전기차 시장도 60%에 달하는 놀라운 성장률을 보여주고 있고요. 그렇기 때문에 현재 속도가 부족한 건 사실이나, 조금만 더 가속화되면 충분히 달성할 수 있는 목표라는 겁니다.

다음으로 10조 달러라는 설비투자 금액은 2022년 전 세계 GDP

의 10%에 달하는 엄청난 금액인 건 사실입니다. 하지만 이를 20년에 걸쳐 나눠서 투자한다고 가정하면, GDP의 0.5% 정도로 부담이 확연히 줄어듭니다. 한편, 10조 달러는 지금의 화석연료 기반의 경제를 유지하는 데 필요한 투자 비용보다 적은 금액이라고 하는데요. 현재 화석연료 시스템을 유지하는 데 드는 비용이 무려 14조 달러에 달하는 것으로 예상된다고 하니, 재생에너지 중심 경제로 전환하면 오히려 4조 달러에 달하는 금액을 아낄 수 있게 됩니다. 결국, 지속 가능한 미래를 위해 4조 달러나 아끼면서 매년 GDP의 0.5%를 투자하는 게 그리 어려운 일은 아니라는 말입니다.

지구 면적 0.2%에 달하는 토지도 마찬가지입니다. 재생에너지 발전 시설은 쓰이지 않은 채 남아있는 척박한 토지에 설치해도 별 문제가 없습니다. 기존의 경작지나 자연환경을 파괴하면서 설치할 필요는 없습니다. 풍력발전의 경우 육지가 아닌 해상 지면을 이용할 수도 있으니, 지구 면적의 0.2%가 무리한 목표는 아니라는 설명입니다.

다음으로 자원 제약은 많은 사람들이 잘못 인식하고 있는 부분입니다. 사람들은 흔히 배터리 생산에 지나치게 많은 광물자원이 소요되고, 이러한 자원의 공급이 부족해 재생에너지로의 전환에 제약이 발생할 것으로 생각합니다. 하지만 설비투자와 마찬가지로, 재생에너지 100%로 전환 시, 화석연료 중심 경제에 비해 필요

자원 채굴량은 오히려 줄어듭니다. 화석연료 중심의 경제는 매년 68GT(기가톤)의 자원을 채굴해야 하지만, 재생에너지로 100% 전환 시 54GT이면 충분합니다. 지금의 화석 에너지 중심의 경제를 유지한다면 오히려 더 많은 광물을 채굴해야 하는 셈이죠.

또한, 사람들은 배터리 생산에 필요한 니켈, 코발트, 리튬, 구리 등의 자원이 점점 고갈돼 부족해질 것이라고 막연히 상상합니다. 그러나 현실은 이와 정반대라고 하는데요. 이런 자원들의 부존 지역이 시간이 갈수록 점점 더 많이 발견되면서 공급 가능한 총량도 늘어나고 있습니다. 여기에 사용 완료된 배터리의 재활용분까지 감안하면, 지속 가능한 미래를 구현하는 데 있어 자원 제약은 전혀 없다는 것이 테슬라의 설명입니다.

🚗 테슬라는 지속 가능한 미래에 진심이다

일론 머스크는 이렇게 다섯 가지 계획으로 세 번째 마스터플랜의 발표를 마무리하며, 발표의 목적이 '희망'을 전달하는 데 있다고 말합니다. 즉, 테슬라가 추구하는 지속 가능한 에너지 기반 경제가 '근거 없는 망상'이 아닌, 실제 계산과 추정에 기반한 '충분히 달성 가능한 미래'라는 겁니다.

물론 숫자에 기반한 테슬라의 추정이 100% 정확하지는 않을 수 있습니다. 실제로 홈페이지를 통해 공식 공개한 세 번째 마스터플랜의 풀 버전 리포트에 따르면, 데이터의 신뢰도 문제로 인해 미국 데이터를 기준으로 일반화시킨 수치도 많다고 하는데요. 이런 이유로 실제와의 괴리도 분명히 있을 겁니다.

하지만 중요한 건 숫자가 아닙니다. 테슬라는 세 번째 마스터플랜을 통해 자신들이 지속 가능한 미래에 얼마나 진심인지를 보여줬습니다. '테슬라'라는 기업이 무엇을 위해 존재하고, 이를 위해 얼마나 노력하고 있는지를 보여준 겁니다.

여러분은 본인이 속해있거나 투자 중인 기업의 미션이 무엇인지 알고 있나요? 만약 알고 있다면, 실제 회사의 사업 전개 방향이나 추진 방식이 이 미션과 충분히 합치되어 있다고 생각하나요? 저도 스타트업, 대기업 등 여러 조직을 경험해봤지만 영업이익 창출 이외에 조직의 존재 이유가 무엇인지 제대로 듣거나 고민해본 적이 없었던 것 같습니다. 이를 적극적으로 알려주거나 홍보하는 사람도 주변에 없었고요.

사이먼 시넥Simon Sinek이라는 유명한 동기부여 전문가에 따르면, 사람들의 행동을 이끌어내기 위해서는 'What'이나 'How'가 아닌 'Why'에 대해 이야기해야 합니다. 단순히 우리가 어떤 행동을 해야 하는지, 무엇을 해야 하는지를 줄줄이 읊어서는 사람들을 움직일 수 없습니다. 왜 이 행동을 해야 하는지 설득할 수 있는 근본적인 철학과 이유가 있어야 한다는 겁니다.[37]

일론 머스크와 테슬라가 그토록 많은 사람들을 팬으로 만들 수 있었던 이유는 단순히 테슬라의 자동차가 저렴하고 훌륭하기 때문만이 아닐 겁니다. 제품 기저에 자리하고 있는 '기술적 혁신을 통해 기후변화를 막고 지속 가능한 사회를 만든다'는 진심 어린 비전에 공감하기 때문이 아닐까요?

테슬라가 만들어낸 최고의 제품은
공장이다

🚗 어떻게 연간 2,000만 대를 만들 것인가?

이렇게 세 번째 마스터플랜을 통해 테슬라는 지속 가능한 에너지로 전환하기 위한 원대한 계획을 제시했습니다. 이를 뒷받침할 조금 더 구체적인 이야기도 필요합니다. 이 계획을 달성하려면 테슬라는 무엇을 어떻게 해야 할까요?

먼저, 다섯 가지 계획 중 테슬라가 당장 집중하고 있는 '전기차로의 100% 전환'에 초점을 맞춰 이야기해보려 합니다. 지속 가능한 미래를 위해서는 2050년까지 지구상의 모든 신차를 전기차로 전환해야 합니다. 이를 위해 테슬라는 2030년까지 연간 2,000만 대의 전기차를 판매하겠다는 매우 공격적인 목표를 제시했습니다.

그럼 이제 테슬라에게 주어진 가장 큰 과제는 '어떻게 연간 2,000만 대를 만들 것인가?'입니다. 전기차는 물론이고 내연기관차 업계에서도 지금까지의 역사상 연간 2,000만 대를 생산해본 OEM은 없었습니다. 자동차 시장에서 1, 2위를 다툰다는 토요타나 폭스바겐도 연간 최대 1,000만 대 수준에 그쳤고요. 더욱이 2023년 기준 테슬라의 생산능력은 연 200만 대 수준에 불과합니다. 이런 상황에서 7년 안에 추가로 1,800만 대의 생산능력을 확보한다니, 이는 누가 들어도 쉽지 않은 과제입니다. 하지만 일론 머스크가 아무 근거 없이 허무맹랑한 발언을 하지는 않았을 것입니다.

테슬라는 연 2,000만 대의 전기차를 생산하기 위해 어떤 구체적인 계획을 가지고 있을까요?

테슬라의 공장은 어떻게 진화해가고 있는가?

사실 테슬라는 일찍부터 이에 대한 답을 제시해왔습니다. 모델 3 양산에 한창이던 2018년, 일론 머스크는 이렇게 말합니다.

"테슬라의 장기적인 경쟁 우위는 자동차가 아닌 공장이 될 것입니다."

경쟁력 있는 제품을 만드는 것도 중요하지만, 이런 제품을 대량으로 저렴하게 찍어낼 수 있는 생산능력을 확보하는 것이 더 중요하다고 본 겁니다. 테슬라 내에서는 공장을 '외계 우주 전함Alien Dreadnought'이라고 지칭하기도 한다는데요. 이렇게 듣도 보도 못한 괴물처럼 자동차를 대량으로 찍어내는 공장을 구축해 생산량을 극대화하는 것이 테슬라의 계획입니다.

실제로 테슬라는 하나의 공장을 짓고 가동하며 겪은 시행착오를 바탕으로, 차세대 공장을 점점 더 효율적인 형태로 진화시켜 나갑니다. 또한 차세대 공장에서 시범적으로 적용한 개선 포인트를 구세대 공장들에 확대 전개하면서, 생산능력을 괴물처럼 업그레이드해나가고 있기도 합니다.

테슬라의 전기차 생산 공장이 어떤 과정을 거쳐 어떻게 진화해나가고 있는지 단계적으로 살펴보겠습니다.

❶ 1세대 프리몬트 공장(2012): 시행착오 끝에 확립된 테슬라만의 원칙

2010년, 과거 GM과 토요타의 합작 공장으로 쓰이던 캘리포니아주 프리몬트의 누미NUMMI, New United Motor Manufacturing, Inc. 공장을 테슬라가 헐값에 인수합니다. 테슬라 최초의 보급형 모델인 모델 3의 생산을 준비하면서, 프리몬트 공장은 본격적으로 '외계 우주 전함'으로 변신을 시도합니다. 산업용 로봇으로 유명한 일본의 화낙, 독일의 쿠카사의 로봇 팔을 대규모로 들여와 자동화된 공장을 만들려 한 것이었는데요.

이후 어떤 사태가 벌어졌는지는 앞에서 상세히 이야기했습니다. 사람의 힘을 최소화한 자동화 공장을 만드는 일이 생각처럼 순탄치 않으면서 이른바 '생산 지옥'을 겪게 됩니다. 모델 3 양산을 개시한 이후 수개월간 생산 라인에서 먹고 자며 문제 해결에 매달린 끝에, 일론 머스크는 자신만의 '엔지니어링 5단계 원칙'을 확립하게 됩니다. 그 내용은 다음과 같이 의외로 간단한데요.

한 유튜버와의 인터뷰 내용에 따르면 일론 머스크는 모델 3의 양산 과정에서 이 다섯 가지 규칙을 5 → 4 → 3 → 2 → 1의 역순

일론 머스크의 엔지니어링 5단계 원칙

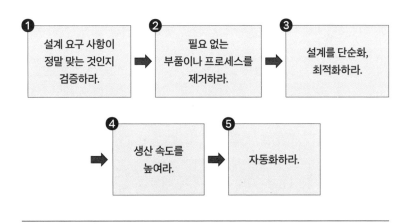

❶ 설계 요구 사항이 정말 맞는 것인지 검증하라.

❷ 필요 없는 부품이나 프로세스를 제거하라.

❸ 설계를 단순화, 최적화하라.

❹ 생산 속도를 높여라.

❺ 자동화하라.

으로 여러 번 반복하는 패착을 저질렀다고 회고합니다.[38] 제조 공정에 문제가 생길 때마다 일단 제일 먼저 로봇을 활용한 자동화 방식의 개선을 통해 문제를 해결하려 했는데요. 공정을 자동화하고, 속도를 높이고, 단순화하고, 마지막으로 삭제하는 식으로 접근했다는 겁니다. 그 결과는 여러 번 말했듯 심각한 생산 차질이었고요.

일례로 일론 머스크는 모델 3 배터리 팩에 들어가는 매트를 장착하는 공정에서 발생했던 사건을 들려주는데요. 이 매트를 부착하는 공정에서 문제가 생겼다고 합니다. 일단 그는 자동화된 로봇을 고치기 위해 노력했습니다. 로봇이 더 효과적으로, 더 빠르게 움직일 수 있게 만들려 노력합니다(5단계). 그래도 문제가 해결되지 않아 공정 속도를 올려보기도 하고(4단계), 접착제를 바르는 과정을 좀 더 간단하게 만들어보기도 합니다(3단계).

이렇게까지 해도 소용이 없자, 문득 이 매트 자체가 근본적으로 왜 필요한 건지 궁금해졌는데요. 이 부품과 관련된 두 팀에 매트의 존재 이유를 물어보자, 배터리 안전 팀에서는 '소음 진동 방지용', 소음 진동 분석 팀에서는 '화재 방지용'이라는 서로 다른 대답을 내놓습니다. 누구도 해당 부품이 존재해야 하는 이유를 제대로 알지 못했던 것입니다.

결국 매트의 기능을 파악하기 위해 매트를 장착한 차량과 장착하지 않은 차량을 비교하는 실험을 진행합니다(1단계). 그리고 해당 부품이 필요 없다는 결론을 내린 뒤 공정 자체를 없애버립니다(2단계). 해당 공정에 필요한 200만 달러짜리 로봇 비용도 아낄 수 있었고요.

애초에 필요하지도 않은 부품이나 공정을 최적화하고 자동화하려 노력하다가 괜한 고생만 하고 시간을 빼앗긴 끝에 일론 머스크는 자신만의 교훈을 얻은 셈입니다. 그가 이야기하는 5단계 엔지니어링 원칙의 핵심은 단순화에 있습니다. 근본적으로 필요하지 않은 것에 대해 문제를 해결하려 고민하거나 이를 자동화하려고 매달리는 대신, 먼저 이게 진짜 필요한 것인지 아닌지부터 다시 검증해보는 겁니다(1단계). 만약 필요 없다면, 해당 부품 혹은 공정을 제거하는 것이 생산성을 개선하는 최고의 방법이겠죠(2단계). 이렇게 해서 설계를 단순화하고 나면(3단계), 생산 속도를 높이거나(4단계) 자동화하는(5단계) 일은 훨씬 손쉬워집니다. 복잡도가 낮아질수록 변수는 감소하고, 변수가 줄어들수록 해결해야 할 문제의 양이나 이를 해결하는 데 드는 노력도 감소할 테니까요.

결과적으로 이러한 교훈을 거쳐 프리몬트 공장에서의 모델 3 양산은 정상 궤도에 오를 수 있었습니다. 그리고 이렇게 몸으로 부딪치며 배운 교훈, 엔지니어링 5단계 원칙을 차세대 공장들에 적용하며, 테슬라의 공장은 점점 진화해갑니다.

❷ 2세대 상하이 기가팩토리(2019): 테슬라만의 방식대로 설계한 첫 공장

상하이 기가팩토리^{Gigafactory}는 가동 초기부터 테슬라의 노하우가 적용된 첫 공장이라고 할 수 있습니다. 프리몬트는 토요타로부터 인수해 그대로 사용하던 공장이었기에 당연히 테슬라의 상황에 맞지 않는 비효율적인 구조가 존재할 수밖에 없었습니다. 이런 제약 사항을 뜯어고치고, 테슬라의 엔지니어링 단순화 원칙을 본격적으로 적용해 생산 효율을 극대화해나가기 시작한 겁니다.

우선 공장의 레이아웃부터 완전히 바꿨습니다. 토요타가 쓰던 프리몬트 공장은 스탬핑, 용접, 도장, 조립 등의 주요 공정들을 각기 다른 건물에서 수행해야 했기에, 각 공정을 마칠 때마다 불필요한 건물 간 이동 작업이 필요했습니다. 반면 상하이에서는 스탬핑,

혁신적인 레이아웃과 공정을 도입한 상하이 기가팩토리

용접, 도장, 조립의 모든 프로세스를 하나의 건물 안에서 순차적으로 진행할 수 있도록 레이아웃을 바꿉니다.

그뿐만 아니라, 상하이 기가팩토리에는 별도의 자재 창고가 없습니다. 부품사에서 조달한 자재들은 해당 자재를 필요로 하는 공정 인근에 옮겨두고 바로 생산에 투입합니다. 내부 물류 관리에 드는 비용과 수고를 극단적인 수준으로 줄여버린 겁니다. 어찌 보면 재고량을 최소화하는 토요타의 린lean 생산에서 한 발짝 더 나아간 재고관리 방식으로 볼 수도 있을 것 같습니다.

또한 상하이 기가팩토리의 양산 개시 후, 테슬라는 '기가 캐스팅 Giga Casting'이란 혁신적인 제조 공법을 도입하는데요. 앞서 사이버트럭 이야기를 하면서 잠시 설명했었죠. 원래 차량의 뼈대를 만드는 스탬핑 공정에서는 70개에 달하는 부품을 각각 주조한 뒤, 이를 하나하나 용접해서 붙여 차체 후면을 완성했습니다. 그런데 이런 개별 주조와 용접 과정을 생략하고 차체 후면을 단 하나의 조각으로 한 번에 찍어내는 방식을 시도한 겁니다.

좀 더 쉽게 비유하면, 기존에는 와플 하나를 만들기 위해 바둑판 모양의 네모 칸 하나하나를 따로 만들어 이를 이어 붙였던 겁니다. 테슬라는 와플 기계라는 새로운 설비를 가져와서 와플 하나를 한 번에 통째로 찍어내는 방식을 도입한 것이죠.

이를 통해 차체 공정에 필요한 공장 면적을 30% 줄이고 인건비

출처: 테슬라

모델 3 후방 언더바디
70개의 금속 조각으로 구성

모델 Y 후방 언더바디
2개의 금속 조각으로 구성
(최종적으로는 단일 조각화됨)

70개 메탈 패널을 용접했던 모델 3와 단일 패널로 찍어내는 모델 Y의 후면 차체를 비교한 모습. 차량 구조 및 제조 과정의 단순화를 통해 동일한 효과를 달성했음을 알 수 있습니다.

는 20%나 줄일 수 있었다고 하는데요. 그뿐만 아니라, 테슬라 차량의 품질 문제 중 가장 악명 높았던 단차 이슈까지 대폭 해결할 수 있게 됩니다. 여러 부품을 따로 만든 뒤 사람이 손으로 일일이 용접하는 것보다, 기계로 한 번에 찍어낼 때 오류가 발생할 가능성도 줄어들 테니까요.

이런 장점들로 인해 기가 캐스팅 장비는 프리몬트와 상하이 공장에 이어 테슬라의 여타 공장들에도 기본 설비로 배치됩니다. 그리고 기가 캐스팅은 테슬라가 기존의 복잡한 공정을 단순화한 가장 대표적인 유명한 사례 중 하나로 자리 잡습니다. 최근에는 토요타와 현대차까지 기가 캐스팅에 관심을 보이며 도입을 검토하고 있다고 하니, 자동차 제조 전공 서적에 소개될 날도 멀지 않은 것 같습니다.

❸ 3세대 베를린·텍사스 기가팩토리(2022): 포드 리버 루지 공장의 재현

3세대 공장에서도 제조 프로세스의 혁신은 계속됩니다. 먼저 1~2세대에 먼저 적용된 기가 캐스팅을 한 단계 발전시킵니다. 프리몬트와 상하이의 기가 프레스 설비가 차체 후면만을 찍어냈다면, 3세대에서는 차체 전면까지 하나의 조각으로 찍어내게 됩니다. 여기에 추가로 '구조화된 배터리 팩Structural Battery Pack' 기술까지 본격적으로 적용하는데요. '셀투섀시CTP, Cell to Chassis' 기술을 활용해 모듈이나 팩을 생략하고, 배터리 셀을 차량 섀시에 직접 결합해 이를 곧바로 차체로 활용하는 겁니다. 어디까지나 배터리 셀과 이를 둘러싼 섀시의 강성이 따라줄 때만 구현할 수 있는 기술입니다.

결국 이렇게 기가 캐스팅으로 찍어낸 차체 전·후면 보디에 구조화된 배터리 팩까지 이어 붙여, 단 세 조각을 이어 붙이는 것만으로 간단하게 차체를 완성해내는 것을 목표로 합니다. 차량 생산이 이보다 더 간단할 수 있을까 싶을 정도로 테슬라는 차량 생산 프로세스를 극도로 단순화해버립니다.

한편 상하이에서 개선했던 공장 레이아웃도 한층 더 발전시키는데요. 최신 공장인 텍사스 기가팩토리에서는 전기차 핵심 부품인 배터리의 생산까지 하나의 공장 안에서 모두 이뤄지도록 통합해버립니다. 단순히 제품 제조 프로세스뿐 아니라 부품 공급까지 한 장소에서 진행되도록 그 효율을 극대화한 겁니다.

왜 많고 많은 부품 중에 굳이 배터리만 공장에 들여온 것인지 물으실 수도 있을 것 같습니다. 배터리 팩은 개당 400~500kg에 달할 정도로 생각보다 많이 무겁습니다. 그뿐만 아니라 화재 위험이 있어 해상 운송 시에는 특수 포장 같은 번거로운 절차가 필요하기도 합니다. 운송비도 많이 들고 운송 시간도 오래 걸린다는 뜻이죠. 이런 이유로 배터리 공장은 보통 자동차 공장 인근에 위치하는데요. 테슬라는 아예 자동차 공장 안에 배터리 공장을 넣어, 운송비나 운송 시간을 극도로 절약하려는 시도를 한 겁니다.

한마디로 요약하면, 테슬라의 3세대 공장은 배터리 원재료를 투입하면 자동차가 되어 나오는 공장으로 발전합니다. 마치 과거 1900년대 초반, 모델 T를 대량생산하던 포드의 리버 루지 공장을 연상케 하죠.

❹ 4세대 멕시코 기가팩토리: 100년간 이어져온 컨베이어 벨트를 뒤집다

멕시코 기가팩토리는 2023년 세 번째 마스터플랜 발표 현장에서 공개된 신규 공장입니다. 언론에 따르면 2026년 혹은 2027년 완공 예정이라고 하는데요. 아직 베일에 싸여있는 2만 5,000달러짜리 전기차, 모델 2가 멕시코 기가팩토리에서 생산될 예정이라고 해 기대를 모으고 있습니다. 멕시코 기가팩토리는 전에 없던 새로운 모델을 생산할 공장인 만큼, '언박스드 프로세스Unboxed Process'라고

Gigafactory Mexico
MANUFACTURING NEXT GEN VEHICLE

이제까지 없던 새로운 공정과 모델을 예고하는 멕시코 기가팩토리

하는 혁신적인 제조 프로세스가 적용됩니다.

지금처럼 자동차가 널리 보급될 수 있었던 배경에는 '컨베이어 벨트'에 기반한 생산 시스템이 자리하고 있습니다. 포드의 창설자이자 기술자인 헨리 포드가 처음으로 창안한 컨베이어 벨트 시스템 덕에 자동차의 생산성이 급격하게 올라갔고, 판매가가 낮아지면서 많은 사람들이 쉽게 구매할 수 있는 제품이 되었다고 하는데요. 오늘날 우리가 타는 자동차도 컨베이어 벨트를 따라 스탬핑 → 차체 → 도장 → 조립 공정을 순차적으로 거쳐 제조되고 있습니다. 컨베이어 벨트는 자동차뿐 아니라 다른 산업으로까지 퍼져나가 공장에 없어서는 안 되는 필수 인프라로 자리 잡았습니다.

테슬라가 예고한 언박스드 프로세스는 이런 컨베이어 벨트 기반의 직렬식 순차 생산 시스템을 해체한 병렬식 생산방식입니다. 자동차를 구역에 따라 좌측, 우측, 바닥, 전면, 후면, 기타의 6개 모듈로 나누어 각 모듈을 병렬적으로 동시 생산하고, 마지막에 6개 모듈을 조립해 제품을 완성하는 겁니다.

이러한 병렬화된 생산방식이 갖는 장점은 무엇일까요? 테슬라 인베스터 데이에서의 공식 발표에 따르면, 우선 더 많은 근로자들이 동시에 생산 작업을 할 수 있게 될 예정입니다. 기존 컨베이어 벨트 방식에서는 근로자들이 단계별로 작업에 착수해 하나의 차체를 완성하는 과정에 있었다면, 모듈화된 언박스드 프로세스 방식에서는 6개의 모듈 작업을 동시에 수행합니다. 이를 통해 불필요한 작업 대기시간을 줄이고 더 빠르게 차량을 생산할 수 있을 것이라

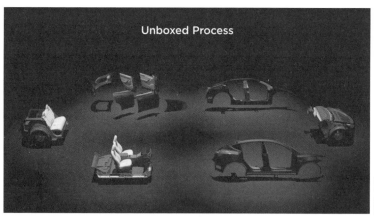

기존의 컨베이어 벨트식 제조 시스템과 180도 다른 테슬라의 '언박스드 프로세스'

　　　　　　　　　　　　　　　　　일론 머스크 플랜3

는 게 테슬라의 생각입니다.

언박스드 방식의 장점은 이뿐만이 아닐 거라고 봅니다. 앞서 말한 '단순화시키고 자동화하는' 테슬라의 혁신 방식을 적용한 또 다른 생산성 개선 사례가 되지 않을까 하는데요. 바로, 조립 공정의 자동화 수준을 대폭 향상시킬 수 있기 때문입니다.

자동차의 스탬핑, 차체, 도장, 조립의 네 가지 공정 중 조립은 사람의 손을 가장 많이 요하는 공정입니다. 바꿔 말하면 가장 까다롭고 자동화가 어려운 단계라는 겁니다. 타 공정들의 자동화율이 80~90% 이상을 웃도는 반면, 조립 공정은 10~20% 수준에 불과한 것으로 알려져 있습니다. 조립 공정은 차량 골조 보디에 도색이 완료되고 난 뒤, 내부의 핸들, 계기판이라든지 운전석과 같은 부품과 모듈을 설치하고 체결하는 작업을 말합니다. 차량의 뼈대를 구성하는 골조가 이미 완성된 상태이기에, 작업을 진행하려면 반드시 차량 도어부나 앞 유리의 구멍을 통해 안으로 들어가서 상대적으로 정밀한 체결 작업을 진행해야겠죠. 그래서 로봇이 들어가 작업하기도 어렵고, 사람의 경우에도 몸을 수그리거나 굽혀야 해서 작업 효율이 낮아질 수밖에 없습니다.

언박스드 프로세스에서는 이러한 복잡한 부품 결합부터 모듈 단위로 먼저 진행해 각 모듈을 완성한 후 골조를 완성합니다. 따라서 물리적 제한 없이 로봇을 통한 자동화 생산이 가능해지고, 사람이

하더라도 더 많은 항목에서 힘을 덜 들이고 작업을 진행할 수 있게 됩니다.

결과적으로 이런 방식을 통해 멕시코 기가팩토리의 면적을 기존 대비 40% 이상 줄이는 것이 테슬라의 목표입니다. 면적을 줄임으로써 공장을 더 빨리 짓고, 투자 비용도 줄일 수 있게 되는 거죠. 결국에는 언박스드 프로세스를 포함한 여러 가지 혁신을 통해 차세대 모델의 생산 비용을 50%까지 절감하는 것이 목표입니다. 과연 언박스드 프로세스가 정말로 컨베이어 벨트를 넘어선 생산 효율을 보여줄 것인지, 이외에 어떤 혁신이 멕시코 기가팩토리에 적용될지 기대되는 부분입니다.

테슬라 최고의 제품은 공장이다

이렇게 테슬라는 기존의 자동차 생산방식을 하나하나 개선해나가며 생산 효율을 극대화하고 있습니다. 과거 프리몬트 공장은 20세기까지 미국에서 가장 생산성이 낮은 공장 중 하나였습니다. 그런데 테슬라가 운영을 시작한 이후, 2021년 기준 미국에서 가장 생산성 높은 공장으로 탈바꿈합니다.[39] 블룸버그에 따르면 BMW나 포드는 물론이고, 토요타 공장보다도 높은 생산 효율을 기록했다고 하는데요.[40] 한때 일론 머스크가 프리몬트 공장을 인수하면서 "토요타의 자동차 제조 지식을 많이 배워가겠다"라는 발언을 한 적이 있습니다. 그런데 이제 테슬라의 가장 오래된 공장이 토요타의 생산성을 앞서고, 토요타에서 기가 캐스팅 같은 테슬라의 혁신적 기술을 벤치마킹해가는 상황이 되었습니다. 테슬라의 최고 제품은 자동차가 아닌 공장이라는 말이 나오는 이유입니다.

내재화,
답답하면 직접 뛴다

🚗 어떻게 2,000만 대의 차를 팔 것인가?

생산 프로세스를 거듭 혁신해 테슬라가 연 2,000만 대의 차량을 만들 수 있게 됐다고 가정해보겠습니다. 그다음 문제는 판매일 겁니다. 과연 연 2,000만 대의 차량을 만들어놓으면, 과연 소비자들이 사줄 것인가의 문제입니다.

사실 다른 산업과 구분되는 자동차 시장만의 특징은 철저히 로컬화됐다는 점입니다. 일례로 소프트웨어 업계에는 구글, 메타, 넷플릭스 등 글로벌 시장에서 30~40% 이상의 압도적인 점유율을 차지하는 절대 강자가 존재합니다. 하지만 이와 반대로 자동차 시장은 춘추전국시대처럼 파편화돼 있습니다. 한국엔 현대차와 기아, 미국엔 GM, 일본엔 토요타, 그리고 독일엔 벤츠, BMW, 폭스바겐 등 지역별 로컬 강자가 존재합니다. 100년 이상의 역사를 가진 성숙한 시장임에도 불구하고, 이렇게 절대 강자 없이 지역별로 다양한 제조사들이 각자 5~10%대 내외의 점유율을 나눠 가지며 병존하고 있는 것이 자동차 시장의 현실입니다. 그런 이유로 글로벌 자동차 시장에서 1, 2위를 다툰다는 토요타나 폭스바겐도 연간 1,000만 대 내외의 판매량을 기록해왔을 뿐 그 이상 성장하지는 못했습니다.

특히나 테슬라는 제한적인 제품 라인업으로 인해 판매량 확대에 한계가 있을 것이라는 전망을 내놓는 이들이 많습니다. 다양한 제품을 통해 고객들에게 폭넓은 선택지를 제시하는 경쟁사와 달리, 테슬라는 세그먼트별 한두 개의 제품군을 유지하고 있습니다. 그렇기 때문에 소비자들이 슬슬 질려하고 있고, 지금의 제품 라인업으로는 토요타나 폭스바겐급의 판매 규모에 올라서지 못할 것이란 예측입니다.

테슬라는 과연 이런 제약을 넘어 최초로 연 2,000만 대의 판매를 기록하는 브랜드가 될 수 있을까요? 이에 대한 일론 머스크의 대답은 "충분히 가능하다"입니다. 아직도 많은 소비자들이 테슬라를 구매하고 싶어 하며, 가격만 낮으면 그 수요는 꾸준히 창출될 수 있다는 겁니다. 경쟁사들이 아무리 다양한 제품을 내놓더라도, 테슬라의 전기차가 저렴하기만 하다면 소비자들이 테슬라를 선택할 것이라는 말입니다.

실제로 지난 2022년 말, 자동차 부품 공급난이 해소되고 자동차 구입을 위한 할부 금리가 점점 상승하면서 테슬라 주문량이 급감하는 일이 벌어집니다. 그러자 테슬라는 최대 20%에 달하는 파격적인 가격 할인을 발표했는데요. 그러자 순식간에 생산량의 두 배에 달하는 엄청난 양의 주문이 밀려 들어옵니다. 일론 머스크의 말을 빌리면 테슬라 역사상 가장 많은 주문이었다고도 합니다.[41] 이런 실증 경험을 통해 일론 머스크는 소비자들이 자동차를 구매하는 데 있어 가장 중요한 요소가 가격이라고 다시 한번 확신을 얻은 것 같습니다.

그렇다면 어떻게 경쟁사보다 더 저렴한 가격에 제품을 판매할 수 있을까요? 무작정 가격을 낮춘다면 이익이 줄어들면서 전기차 업계의 치킨 게임으로 번질 수 있습니다. 또 제품의 품질을 낮춘다면 고객들이 흥미를 잃고 떠나갈지도 모르고요. 쉽지 않겠지만 품질은 현재 상태를 유지하거나 더 높이면서 제조원가는 낮춰야만 합니다.

이러한 난제를 풀기 위한 테슬라의 해결책은 내재화, 즉 개선이 필요한 모든 영역에 직접 개입하는 것입니다. 앞서 SDV 부분에서 언급했듯이 자동차 제조는 티어 1 협력사에 밸류 체인의 대부분을 위탁하는 방향으로 발전해왔습니다. 부품의 제조는 물론이고, 개발이나 원자재 조달까지 협력사가 맡게 된 겁니다. 덕분에 자동차 제조사의 업무는 수월해졌을지 몰라도, 주도권은 잃게 됩니다. 새로운 기능을 개발하고, 원가를 절감한다거나, 공급 안정성을 올리기 위한 제반 행위를 하는 데 있어 티어 1 협력사를 거치지 않고는 뜻대로 움직이기 힘들어진 겁니다. 또 작은 변경점 하나를 적용하더라도 티어 1 공급사를 통해 티어 2, 티어 3 공급사까지 거치게 되므로 답변을 받기까지 하세월이 걸리는 일도 허다하게 일어나게 됩니다.

이런 상황에서 테슬라가 원가절감을 요구하면 티어 1 공급사가 알아서 더 좋은 스펙의 부품을 더 낮은 가격으로 개발해 가져다주는 이상적인 일이 과연 일어날 수 있을까요? 그럴 수는 없을 겁니다. 결국, 테슬라가 필요한 영역에 직접 개입하며, 부품사로부터 다시 주도권을 가져오게 됩니다. 필요한 부품의 개발, 제조, 원자재 조달 등 서플라이 체인Supply chain의 광범위한 영역에 직접 뛰어들게 되는데요. 테슬라는 충전기부터 태양광 패널, 반도체, 배터리까지 다양한 부품과 설비를 직접 개발 및 생산해왔습니다. 자동차 제조사가 이렇게까지 해야 할 필요가 있나 싶겠지만, 더 나은 품질의 부품을 더 낮은 가격에 조달하기 위해서는 불가피한 선택이었을 겁니다.

그렇다면 내재화는 어떤 방식으로 원가절감에 도움이 될까요?

먼저, 기존 부품사들이 시도하지 않는 새로운 방식의 설계를 통해 더 나은 품질의 제품을 저렴하게 조달할 수 있게 됩니다. SCM에 있어 테슬라의 과제는 단순히 원가만 절감하는 것이 아닙니다. 전기차가 기존 자동차 시장을 지배하고 있는 내연기관차를 대체하기 위해서는 낮은 가격과 동시에 더 나은 상품성을 제공할 수 있어야 합니다. 대표적으로 주행거리 불안이나 지나치게 오래 걸리는 충전 속도 같은 문제들이 전기차 시장의 성장을 발목 잡는 요소로 꼽히죠. 이미 시장에 존재하는 기성품으로는 이런 문제를 해결하면서 원가까지 낮추기가 어렵습니다. 그렇기 때문에 테슬라는 자신만의 방식으로 테슬라 차량에 적합한 새로운 부품을 직접 개발해서 쓰는 겁니다.

대표적인 사례가 SiC(실리콘 카바이드) 반도체를 활용한 인버터 Inverter 입니다. 간단히 설명하면 배터리에 충전된 직류 방식의 전류를 모터가 필요로 하는 교류 방식의 전류로 전환해주는 역할을 하는 부품인데요. 원래 전기차용 인버터에는 스마트폰이나 노트북에

들어가는 것과 같은 Si(실리콘) 반도체가 쓰였습니다. 테슬라는 업계 최초로 SiC 반도체를 활용한 인버터를 개발해 모델 3에 적용합니다. SiC 반도체는 Si 반도체보다 가격은 비싸지만, 고전압이나 고온에 강하다는 장점을 가지고 있습니다. 모델 3에 사용된 SiC 반도체 기반 인버터의 무게는 약 4.8kg으로, 비슷한 시기에 출시된 닛산 리프나 재규어 I-페이스I-Pace 의 인버터보다 부피가 작을 뿐 아니라 두세 배가량 더 가볍습니다. 덕분에 설계 자유도는 높아지고 주행 가능 거리는 길어집니다. 그뿐만 아니라, 저렴한 Si 반도체를 활용한 닛산 리프나 재규어 I-페이스 인버터와 원가는 유사하거나 더 낮은 수준입니다.[42] 아마 테슬라 차량에 최적화된 방식으로 재설계해 불필요한 부분을 덜어냄으로써 원가를 낮출 수 있었던 것으로 추정되는데요.

이렇게 테슬라가 재미를 보자, 다른 자동차 제조사들도 너 나 할 것 없이 SiC 반도체 기반 인버터 채택에 나섭니다. 하지만 SiC 반도체 가격이 쉽게 낮아지지 않자, 테슬라는 저가 라인업에는 Si와 SiC 반도체를 혼합한 하이브리드형 인버터를 새롭게 적용하겠다고 발표하는데요. 이처럼 핵심 부품을 자체 개발할 수 있는 역량이 있기에, 테슬라는 언제나 제품별, 상황별로 최적화된 스펙과 가격의 부품을 사용할 수 있는 것으로 보입니다.

두 번째로, 내재화를 하게 되면 직접 제조를 진행하기 때문에 부품이 만들어지기까지의 원가 구조나 서플라이 체인을 모두 파악할 수 있습니다. 재료비, 노무비, 물류비 등 주요 부품의 원가 항목이 시장 상황에 따라 어떻게 바뀌었고, 어느 정도의 비중을 차지하고 있는지, 또 부품 원자재의 주요 공급사는 어느 곳인지까지 모두 알 수 있게 됩니다. 그렇기 때문에 여타 부품 공급사와의 협상에서 유리한 위치에 설 수 있습니다. 부품사들이 대략 어떤 원가로 어디에서 물건을 사 오는지 알고 있으니, 그들의 단가 인상 요구의 근거가 적절한지, 과잉 마진을 챙겨가는 것은 아닌지 꿰뚫어볼 수 있겠죠. 부품사 영업 담당자 입장에선 협상 테이블에 앉기가 무서워질 수밖에 없습니다.

일례로 테슬라는 전기차의 핵심 부품 중 하나인 배터리를 직접 제조하는 것은 물론이고, 배터리 제조에 필요한 주요 소재와 광물까지 직접 조달 및 생산하려 하고 있습니다. 테슬라는 '4680'이란 새로운 원통형 폼 팩터form factor를 직접 개발해, 생산 용량을 점점 확대해나가고 있는데요. 그뿐만 아니라 배터리의 핵심 소재인 양극재 공장과 양극재의 핵심 원자재인 리튬 정제 공장까지 직접 운영하고자 준비하고 있습니다. 배터리는 전기차의 핵심 부품인 만큼, 서플라이 체인 전체를 테슬라가 철저하게 파악하고 장악하겠다는 의지가 엿보이는 부분입니다.

물론 그렇다고 해서 필요한 배터리와 원자재를 100% 자체 조달하겠다는 것은 아닙니다. 테슬라가 필요로 하는 양이 너무 많으니까요. 그래서 기존 배터리 공급사를 대상으로는 '사급'이라는 방법을 통해 구매 원가를 절감하고 있습니다. 사급賜給이란 부품 발주 업체가 부품 제조에 필요한 원재료를 대신 사서 부품 제조사에 공급하는 행위를 말합니다. 배터리 제조에 필요한 원자재를 테슬라가 직접 구매해서 배터리 제조사에 납품하면, 배터리 제조사는 이로 배터리를 만들어 테슬라에 납품하는 겁니다.

예를 들어, 테슬라의 배터리 주요 공급사 중 하나인 A 배터리 제조사의 경우, 배터리 제조의 원재료인 양극재의 상당 부분을 B 소재회사에서 조달해왔습니다. 그리고 B사는 양극재에 사용되는 리튬, 니켈 등의 핵심 광물을 직접 구매해왔는데요. 테슬라는 이 핵심 광물을 직접 구매해 B사에 공급하기 시작합니다. 테슬라가 공급하는 광물 가격이 하락하면 그만큼 A사가 테슬라에 판매하는 배터리 가격도 낮아지게 되고요. 그러면 A 배터리 제조사나 B 소재사는 오로지 가공 마진만 챙길 수 있게 됩니다. 사급으로 인해 광물을 저렴하게 구매해 높은 이익을 얻는다든지 하는 식의 사업 운영이 구조적으로 불가해지는 겁니다.

테슬라처럼 부품 서플라이 체인에 깊이 관여하는 방식을 통해 효과적으로 원가를 절감할 수 있다면, 왜 다른 자동차 제조사들은 이를 적극적으로 벤치마킹하지 않는지 의문이 드실 겁니다.

사실 많은 경쟁사들이 테슬라를 벤치마킹하고 있기는 합니다. 코로나19 시기에 발생했던 부품 수급난과 전기차 시장의 성장을 계기로, 테슬라를 따라 일부 부품에 한해 조금씩 내재화를 시도하는 기업들이 생겨나기 시작하기 했습니다. 실제로 최근 GM의 경우 자율주행용 반도체 칩을 자체 개발하겠다고 선언했고, 현대차와 토요타는 배터리를 직접 설계하겠다고 발표하기도 했습니다.

하지만 이런 내재화 시도는 반도체와 배터리 같은 일부 핵심 부품을 대상으로만 진행되고 있습니다. 배터리 광물 수급에까지 직접 개입하는 테슬라에 비하면 관여 영역이 아직 제한적인 수준인데요. 그 이유는 관리의 어려움에 있습니다. 앞서 이야기했듯, 자동차 제조사들은 수만 개에 달하는 많은 수의 부품을 직접 챙겨야 하는 관리의 어려움과 복잡도 해소를 위해 이를 티어 1 부품사에 이양했었습니다. 이렇게 넘겼던 업무를 다시 가져오는 것이 말처럼 쉽지는 않을 텐데요.

테슬라는 어떻게 이렇게 많은 영역을 직접 관리하는 걸까요? 여기서도 비결은 '단순화'에 있습니다. 관리해야 하는 부품과 공급사의 수를 줄여 관리의 어려움을 줄인 겁니다.

테슬라의 서플라이 체인 단순화는 제품에서부터 시작합니다. 전기차와 하이브리드, 내연기관차까지 동시 생산하고 있는 기존 자동차 제조사들과 달리, 테슬라는 전기차 단 한 가지만 생산하고 있습니다. 그뿐만 아니라 모델 S, X, 3, Y부터 사이버트럭, 그리고 또 다른 전기 트럭인 세미Semi까지 대여섯 종류의 제품으로 라인업도 매우 단순합니다. 더구나 주력 판매 모델인 모델 3와 모델 Y는 부품의 76%가량을 공유하도록 설계되어 있습니다.[43]

즉, 판매하는 제품 라인업이 간단해 필요한 부품 수도 적고, 이를 공급하는 부품사의 숫자도 줄어듭니다. 애초에 전통 자동차 제조사들보다 관리가 필요한 영역이 훨씬 작기 때문에 그 난도나 복잡도가 낮을 수밖에 없다는 겁니다.

실제로 테슬라의 공급 체인 단순화 수준이 어느 정도인지 마스터플랜 3 공개 행사에서 간접적으로 엿볼 수 있었는데요. 모델 S와 모델 X의 티어 1 공급사의 수는 약 3,400개지만, 다음 세대 제품인 모델 3와 모델 Y는 2,100개에 불과합니다.[44] 물론 모델 S와 모델 X가 프리미엄 모델인 만큼 추가로 필요한 부품과 업체 수가 조금 더 많을 수 있지만, 이를 감안하더라도 업체 수가 40% 가까이 줄어든 겁니다.

결국 테슬라의 내재화 방식을 따라 하기 위해서는 이렇게 가장 앞 단의 제품 라인업부터 단순화해야 합니다. 과연 기존 자동차 제조사들이 이를 쉽게 모방할 수 있을까요? 기존 내연기관 라인업부터 우선적으로 정리하지 않는 이상, 결코 쉽지 않을 겁니다. 내재화라는 것이 말은 쉬울지 몰라도, 실제 실행에 있어서는 아무나 할 수 있는 것이 아니니까요.

일론 머스크의 계획이
남다를 수 있었던 이유

테슬라는 왜 굳이
배터리를 직접 만들까?

🚗 전기차 판매의 가장 큰 병목, 배터리

이번 장에서는 테슬라가 계획을 달성하기 위해 해결해야 하는 세 가지 핵심 과제, 즉 배터리와 AI, 그리고 에너지에 관해 이야기해보려 합니다. 먼저 배터리 이야기부터 해보려 하는데요. 테슬라가 2030년 연 2,000만 대의 전기차를 판매한다는 목표 달성에 실패한다면, 가장 유력한 원인 중 하나는 아마 배터리 문제일 겁니다. 그 이유는 크게 두 가지인데요.

첫째, 배터리는 아직도 너무 비쌉니다. 십수 년 전에 비해 가격이 많이 내려갔다고는 하나, 아직 전기차 전체 원가의 30~40%를 차지합니다. 그렇기 때문에 배터리 원가절감이 곧 전기차 원가절감의 열쇠라고들 말하죠. 배터리 원가가 더 떨어지지 않는다면 전기차는 내연기관 대비 가격 경쟁력을 갖추기 힘들 것이고, 5년 뒤에도, 10년 뒤에도 지금처럼 고가의 프리미엄 시장에서만 한정적으로 판매될 테니까요.

테슬라가 프리미엄 제품만 팔아서 전체 자동차 시장의 25%를 차지하는 게 가능할까요? 아마 전 세계 프리미엄 자동차 시장을 홀로 독차지한다고 해도 어려울 겁니다. 2,000만 대를 팔기 위해서는 프리미엄뿐 아니라 더 저렴한 보급형 제품 시장까지 공략해야 할 것이고, 그러기 위해서는 전기차 가격이 지금보다 '훨씬 더' 저렴해져야 합니다. 따라서 배터리 원가절감 없이는 테슬라의 목표 달성도 불가하다고 단언해도 결코 과장이 아닙니다.

둘째, 배터리의 공급도 부족할 것으로 예상됩니다. 에너지 전문 시장조사 업체 SNE리서치^{SNE Research}의 자료에 의하면, 글로벌 전기차 배터리 수요는 2021년에는 330GWh 수준이었으나, 2030년에는 4,028GWh 수준으로 10배 이상 성장할 것으로 예상됩니다.[1] 이런 급격한 수요 성장을 뒷받침하려면 배터리 제조 공장뿐 아니라, 밸류 체인 가장 끝 단의 원재료 광물 채굴 및 제련 시설까지 지금보다 10배가 넘는 규모로 증설해야 할 겁니다. 이 같은 거대한 밸류 체인 구축이 과연 아무 문제 없이 순탄하게 진행될 수 있을까요? 아무리 일찍부터 준비한다고 한들 분명히 배터리가 부족해 자동차를 만들지 못하는 상황이 어딘가에서는 발생할 겁니다.

테슬라 역시 이 문제에서 예외일 수는 없습니다. 아무리 날고 기는 테슬라라고 해도 배터리 없이는 전기차를 만들지 못합니다. 실제로 배터리 부족은 오랜 기간 생산 속도를 지연시키며 테슬라의 발목을 잡아온 제약 요인 중 하나였는데요. 테슬라의 IR 담당 임원인 마르틴 비에차^{Martin Viecha}의 발표에 따르면, 2022년은 테슬라가 사업을 시작한 이래 '처음으로' 필요한 양만큼의 배터리를 공급받을 수 있었던 한 해였다고 합니다. 테슬라가 전기차를 생산해온 지 거의 15년이 지났음에도 불구하고 말이죠.

아마 앞으로는 더 힘들 겁니다. 얼마 전까지는 테슬라 혼자였지만, 이제 더 많은 경쟁사들이 본격적으로 배터리 확보를 위해 사활을 걸고 달려들고 있습니다. 이런 상황에서 테슬라는 매년 더 많은 자동차를 만들어야 하고요. 결국, 얼마나 충분한 양의 배터리를 확보하는지가 '2030년 전기차 2,000만 대 생산'이라는 테슬라의 목표 달성을 좌우할 결정적인 요인이라고 봅니다.

이런 상황에서 '배터리 제조사들이 알아서 원가를 절감하고 생산 능력을 키워서, 저렴하고 넉넉한 양의 배터리를 공급해주겠지' 하며 넋 놓고 기다리고만 있어도 될까요? 어떻게든 배터리를 내재화해서 직접 관리하는 게 타당하고 합리적인 선택일 겁니다.

하지만 어떤 제품을 '내재화'한다고 해서, 반드시 혼자 힘으로 직접 공장을 지어 배터리를 생산해야 한다는 것은 아닙니다. 내재화에도 여러 가지 옵션이 있는데요. 크게 세 가지입니다.

첫 번째로 GM, 스텔란티스Stellantis, 현대차처럼 배터리 제조사와 조인트 벤처JV, Joint Venture, 즉 50:50 지분의 합작 법인을 세워 공동으로 생산 공장을 운영함으로써 좀 더 안정적으로 배터리를 공급받는 방법이 있을 겁니다.

두 번째로 폭스바겐처럼 배터리 제조사의 지분을 인수해 직접적인 영향력을 행사하며 배터리를 안정적으로 수급하는 방법도 있을 것이고요.

마지막으로 혼자서 자본을 투자하고 공장을 세워 직접 배터리를 생산하는 옵션이 있을 겁니다. 이는 아마 자동차 제조사들이 가장 후순위로 고려하는 방법일 텐데요. 배터리를 혼자 힘으로 생산한다는 게 말처럼 쉽지 않을뿐더러, 천문학적인 시간과 비용이 요구되고 리스크가 크기 때문입니다.

그럼에도 불구하고 테슬라는 조인트 벤처나 지분 투자 대신 직접 생산이라는 옵션을 택합니다. 2020년, '배터리 데이Battery Day' 행사를 개최하며 배터리를 직접 생산하겠다는 계획을 공식적으로 발표했는데요. 현재는 대부분의 배터리를 일본의 파나소닉, 한국의 LG에너지솔루션, 그리고 중국의 닝더스다이CATL와 비야디BYD로부터 납품받고 있습니다. 앞서 이야기한 것과 같이 직접 생산에 여러 가지 난관이 존재함에도 불구하고 현 상황을 벗어나는 방식을 택한 이유는 무엇일까요? 테슬라의 족적과 시장 상황을 바탕으로, 제 나름대로 추정한 테슬라의 의사 결정 근거에 관해 이야기해보려 합니다.

❶ 첫 번째 옵션: 조인트 벤처 설립, "할 만큼 해봤다"

첫 번째로 조인트 벤처, 즉 합작 법인을 설립하는 옵션입니다. 이는 최근 자동차 제조사들이 가장 많이 고려하고 있는 옵션인데요. 자동차 제조사와 배터리 제조사가 공동으로 자본을 투자해 배터리 제조 공장을 건설하고, 여기서 생산되는 셀을 자동차 제조사로 안정적으로 납품하는 구조입니다. 자동차 제조사는 안정적 공급처를, 배터리 제조사는 안정적 수요처를 확보할 수 있다는 장점이 있습니다. 최근 전기차 시장의 공격적 성장과 배터리 수급 불안으로 GM, 스텔란티스, 현대차와 같은 대형 제조사들이 연이어 배터리 제조사와의 합작 법인을 설립한다는 뉴스를 발표하고 있죠.

그럼 테슬라는 어떨까요? 테슬라는 조인트 벤처에 대해 이미 누구보다도 도가 텄습니다. 일찍이 지금으로부터 거의 10년 전인

2014년부터 일본 파나소닉과 7:3 지분 비율의 합작 법인을 설립하고 2017년부터 네바다 기가팩토리에서 배터리를 생산해왔으니까요. 파나소닉이 배터리 셀을 생산하면, 테슬라가 이 셀을 가지고 배터리 팩을 만들어 모델 S에 쓰일 배터리 완제품을 완성하는 구조였습니다.

하지만 두 기업 간의 협업이 그리 원활하지 못했다고 하는데요. 곳간에서 인심이 난다고 하죠. 《월 스트리트 저널》의 보도에 따르면, 곳간 사정이 어려웠던 모델 3의 양산 개시 과정에서 두 기업 간에 크고 작은 갈등이 터져 나왔습니다.

일단 납품량을 두고 다툼이 벌어졌습니다. 2019년, 일론 머스크는 파나소닉의 셀 제조 생산능력이 부족해 모델 3 생산에 차질이 발생했다고 트위터를 통해 공개적으로 불평을 늘어놓습니다. 파나소닉이 연간 35GWh의 생산능력을 약속했으나 실제는 그 3분의 2 수준으로, 필요량보다 현저히 부족했다는 건데요.[2]

하지만 파나소닉도 테슬라에 하고 싶은 말이 적지 않았습니다. 당시 CEO였던 쓰가 가즈히로津賀一宏 사장은 네바다 기가팩토리의 적은 생산량의 원인이 오히려 테슬라에 있다고 맞받아칩니다. 생산 효율을 올리기 위해 파나소닉에서 공정에 뭔가 조치를 하려 할 때마다, 일론 머스크에 보고 후 승인을 받아야 하는 테슬라의 마이크로 매니징 문화 때문에 해결이 늦어졌다는 겁니다. 오히려 파나소닉이 기껏 다량의 배터리를 준비해두었더니, 차량 생산 지연 이슈로 테슬라가 배터리를 가져가지 않는 상황이 벌어지기도 했다고 불평을 토로합니다.

판가도 문제였습니다. 월가의 애널리스트들이 '얼마 지나지 않아 파산할 것'이라는 의견을 줄줄이 내놓을 정도로 과거 재무 사정이 어려웠던 테슬라가 한번은 파나소닉에 배터리 판가 인하를 요청했습니다. 파나소닉 CEO에게 일론 머스크가 직접 판가 인하를 요구하는 전화와 이메일을 시도 때도 없이 보냈다고 하는데요. 파나소닉 측은 이를 받아들이지 않고, 오히려 "이런 요구가 계속될 시 기가팩토리에서 인력과 설비를 철수시키겠다"고 매섭게 응전합니다.[3]

파나소닉이 판가를 두고 물러설 수 없는 이유가 있었는데요. 2017년 파나소닉이 16억 달러라는 거금을 투자해 네바다 기가팩토리에서 셀 양산을 시작한 이래, 네바다 합작 법인은 줄곧 적자에 시달렸습니다. 테슬라가 모델 3 양산에 어려움을 겪으며 파산 위기까지 갔던 상황이니, 배터리를 공급하는 파나소닉 역시 이익을 낼 수 없는 게 어찌 보면 당연한 상황이었겠죠. 결국 파나소닉은 양산이 안정화된 이후 2021년이 돼서야 처음으로 네바다 기가팩토리에서 연간 흑자를 기록합니다. 파나소닉 입장에서도 테슬라와의 협업으로 별 재미를 보지 못했다는 말입니다.

크고 작은 문제들이 쌓여, 쓰가 가즈히로 CEO는 기자들에게 공개적으로 기가팩토리 투자에 대해 후회한다는 발언까지 내놓는데요. 양사 간의 분위기가 대략 짐작이 되죠? 결국 파나소닉은 신규 생산능력 확장에 있어서도 보수적인 태도로 임할 수밖에 없었습니다. 그리고 더 많은 배터리가 필요한 테슬라는 공격적인 성장을 뒷받침해줄 수 있는 새로운 배터리 공급사를 찾아 나서게 됩니다.

이러한 일련의 과정을 거치면서, 테슬라는 아마 '합작 법인'의 '합작'이 그리 쉽지 않다는 걸 제대로 배웠을 겁니다. 아무리 공동 투자를 통해 이해관계를 일치시킨다 한들, 다른 조직을 내 뜻대로 움직이게 하기는 어렵고, 이에 따른 리스크 역시 감수해야 한다는 걸 말이죠.

❷ 2번째 옵션: 지분 투자, "좋은 방법도 아니고 테슬라 스타일도 아니다"

두 번째로는 지분 투자입니다. 합작 법인만큼 안정적으로 셀을 공급받기는 어렵겠지만, 어쨌거나 배터리 제조사에 영향력을 행사해 수급을 조금이나마 용이하게 할 수 있는 방안일 텐데요. 사실 대부분의 자동차 제조사는 수급 개선을 목적으로 배터리 제조사를 향한 지분 투자는 고려하고 있지 않습니다.

아무래도 투자할 만한 업체가 마땅치 않기 때문인데요. 당장 2~3년 내 배터리를 대량으로 공급해 수급에 도움이 되려면 이미 대규모 양산 시설을 확보하고 있거나 이를 단기간 내에 확보할 만한 기술과 재무적 여건을 갖추고 있어야 할 겁니다. 하지만 그 정도 수준의 업체는 이미 밸류에이션valuation이 커질 대로 커져있거나 경쟁사의 투자를 받았을 테니, 어지간한 돈으로는 유의미한 규모의 지분을 확보하기가 쉽지 않겠죠.

그렇기 때문에 자동차 제조사들의 배터리 업체를 향한 투자는, 퀀텀스케이프QuantumScape, 솔리드파워Solid Power처럼 5~10년 뒤 상용화될 차세대 폼팩터를 개발하는 중·소규모 배터리 업체에 집중돼 있습니다. 이런 전고체 배터리 같은 차세대 기술을 연구하는 중·소규모 업체에 대한 투자의 목적은 단순히 당장 중단기 배터리의 수급 안정화는 아닐 겁니다. 장기적인 미래 기술 주도권을 차지하기 위한 대비용 투자라고 보는 게 맞겠죠.

테슬라 역시 위와 같은 맥락에서 수급 개선 목적의 배터리 업체 대상 지분 투자는 진행하지 않고 있는 것으로 보입니다. 그뿐만 아니라 일부 지분만 투자하는 건 테슬라의 투자 스타일에도 맞지 않습니다. 테슬라는 '어크하이어Acq-hire'⊕ 방식 인수 합병에만 집중하고 있습니다. 필요한 인재와 기술을 보유한 회사가 있다면 일부 지

⊕   인수acquisition와 고용hire을 합성한 신조어로, 기업이 다른 기업을 인수할 때 그 기업 직원들의 가치를 높이 사 자신의 기업으로 고용하는 것을 의미한다.

분 투자가 아니라 해당 회사를 통째로 사서 흡수하는 것이죠. 실제로 지금까지 ATW 오토메이션^{ATW Automation}, 하이바시스템즈^{Hibar Systems} 등 배터리 제조 기술을 보유한 중·소규모 업체들을 인수해 오기도 했습니다.

정리하면, 지분 투자는 중단기 배터리 수급 개선을 위해서 객관적으로 좋은 해결책도 아닐뿐더러, 테슬라의 투자 스타일에도 잘 맞지 않는다고 볼 수 있을 겁니다.

❸ 3번째 옵션: 직접 생산, "단점이 있지만, 감수할 만하다"

마지막으로 직접 생산입니다. 테슬라는 현대차나 포드 같은 전통 자동차 제조사와는 다릅니다. 배터리 셀을 직접 생산한 경험은 없지만, 배터리 팩은 2000년대 초 창립 이래 줄곧 직접 연구 및 제조해왔습니다. 그뿐만 아니라 2017년부터 파나소닉과 오랜 기간 배터리 공장을 합작 운영하며, 등 뒤에서 보고 들은 셀 제조 노하우도 갖고 있을 겁니다.

하지만 그런 테슬라에게도 배터리 셀 직접 생산은 결코 만만치 않을 겁니다. 배터리 셀과 배터리 팩 생산은 아예 다른 영역이기 때문인데요. 셀이 화학의 영역이라면 팩은 전자공학의 영역입니다. 공정부터 완전히 결이 다릅니다. 배터리 셀을 만들기 위해서는 금속 물질을 혼합해 박막에 도포한 뒤, 이를 둘둘 말아 금속 캔에 넣어 포장 후 충·방전을 반복하는 과정을 거쳐야 합니다. 반면에 배터리 팩을 생산하기 위해서는 수백, 수천 개의 셀을 용접하고 연결한 뒤, 셀별 상태를 점검하며 적절한 조건으로 충·방전할 수 있도록 관리하는 소프트웨어를 추가해야 하는데요. 이렇게 언뜻 공정 내용을 듣기만 해도 배터리 셀과 팩은 서로 다른 업의 영역이기에, 테슬라가 배터리 팩을 줄곧 생산해왔다고 해서 셀 생산을 잘할 것이라고 보장할 수는 없습니다.

이뿐만이 아닙니다. 배터리 산업도 장치 산업이기에 생산을 위해선 어마어마한 금액의 설비투자가 필요합니다. 적게는 1만 대에서 많게는 1만 3,000대의 전기차에 달하는 1GWh의 배터리 생산능력을 구축하기 위해서는 약 1,000억 원 정도의 비용이 드는 것으로 알려져 있습니다. 테슬라는 2020년 배터리 데이 행사에서 100GWh의 배터리 생산능력을 확보하겠다고 발표했는데요. 이를 위해선, 어림잡아 10조 원의 어마어마한 자본 투자 지출이 발생하게 되는 겁니다.

여기에 배터리 불량 리스크도 있습니다. 대표적인 사례로 국내 업체인 LG에너지솔루션은 배터리 불량으로 인해 현대차와 GM에 조 단위의 리콜 배상 비용을 지출해야만 했습니다. 테슬라 역시 자체 생산한 배터리에 문제가 생길 경우, 소비자를 대상으로 한 리콜 비용으로 천문학적인 금액을 혼자 떠안는 리스크를 감당해야 합니다.

이쯤 되면, 직접 생산이 결코 좋은 선택이 아닐 수도 있겠다는 생각이 드는 게 전혀 이상하지 않습니다. 오히려 합작 생산이란 옵션을 택한 현대차나 GM 같은 경쟁사가 더 현명해 보일 정도인데요. 그럼에도 불구하고 테슬라가 직접 생산이란 험로를 택한 이유가 무엇일까요?

직접 생산의 가장 큰 이점은 '수급 안정화'와 '비용 절감' 두 가지일 텐데요. 직접 생산 시 수급이 더 안정적인 건 너무나 당연한 이야기지만, 사실 합작 생산과 비교했을 때 그 안정성에 큰 차이는 없다고 봅니다. 따라서 저는 테슬라가 배터리 직접 생산을 택한 이유가 후자인 '비용 절감'에 더 초점이 맞춰져 있다고 생각합니다.

테슬라가 배터리 셀을 사 오는 판가는 크게 두 가지 요소, 즉 배터리 제조사가 셀을 만드는 데 들어가는 '원가'와 여기에 붙는 일정 비율의 '마진'으로 구성됩니다. 이 중 먼저 '마진' 이야기부터 해볼까요? 테슬라가 배터리를 직접 만든다면, 당연히 배터리 제조사가 가져가는 마진만큼의 비용을 100% 아낄 수 있을 겁니다. 생각 외로 이렇게 마진을 절감해 얻는 금액도 원가절감 못지않게 큽니다.

테슬라가 한 해에 배터리 구매로 지출하는 비용이 얼마일까요? 2023년 테슬라는 전기차 약 180만 대를 판매합니다. 계산의 편의를 위해 차량 한 대당 4,400개의 21700 배터리 셀이 사용되었고 셀당 가격을 2달러 수준이라고 가정해보면, 대략 81억 달러, 즉 원화로 약 21조 원에 가까운 엄청난 금액이 나옵니다.

만약 테슬라가 배터리 직접 생산에 성공해, 몇 년 뒤 이 180만 대 분량의 배터리 셀을 모두 직접 생산한다면 구매비를 얼마나 아낄 수 있을까요? 21조 원 중 배터리 제조사들의 마진을 약 7~8% 내외로 가정하면 단순 계산으로만 1조 4,000억에서 1조 7,000억 원 정도를 아낄 수 있는 겁니다.

'원가' 이야기도 해볼까요? 2010년 kWh당 1,200달러 내외에 달하던 배터리 팩 가격이 2023년에는 139달러 내외 수준으로 낮아졌다고는 하나, 아직도 너무 비싼 게 사실입니다. 전기차가 내연기관차와 동등한 경쟁력을 갖추기 위해서는 kWh당 100달러 수준까지 가격을 낮춰, 서로 원가가 동일해지는 가격 패리티를 달성해야 한다고들 하죠. 대다수의 전기차가 이 가격 패리티를 달성하게 되는 시점을 업계에서는 2025년 전후로 예측하고 있습니다.

테슬라 입장에선 답답할 수밖에 없을 겁니다. 배터리 원가가 조금만 더 낮아져도, 조금만 빨리 가격 패리티를 달성해도 더 많은 전기차를 팔 수 있을 테니까요. 그런데 이 원가절감 속도를 오로지 배터리 제조사에 맡겨두었으니, 사실상 테슬라의 미래를 배터리 제조사 손에 맡긴 셈입니다. 이런 상황에서 테슬라의 배터리 직접 생산은 배터리 제조사를 채찍질하기 위한 굉장히 좋은 수단입니다.

앞서 잠시 언급한 것처럼 배터리 가격은 달러/kWh, 즉 kWh 용량당 달러로 계산하는데요. 이제까지 배터리 제조사들은 분자(달러)를 낮추는 대신 분모(kWh)를 키우는 방향의 연구 개발에 집중해왔습니다. 즉, 제조원가를 낮추기보다 화학물질의 레시피를 개선해 에너지 밀도를 높임으로써 배터리 원가를 개선하고자 노력해왔다는 겁니다.

테슬라는 분모(화학물질의 레시피)뿐 아니라 분자(제조원가)를 낮추려는 추가적인 시도를 합니다. 2020년 배터리 데이 행사에서 테슬라는 배터리 원가절감을 위한 다양한 방법을 제시하는데요. 행사 이후 LG에너지솔루션, 파나소닉 등의 배터리 제조사들이 테슬라를 따라 신규 설계와 공법 도입에 힘을 기울이고 있습니다. 배터리 제조사들 입장에선 애가 탈 수밖에 없을 겁니다. 혹시라도 이제 막 배터리 셀 생산에 도전장을 내민 테슬라가 먼저 신규 기술을 토대로 배터리 양산에 성공한다면, 20년 이상 배터리라는 한 우물만 파온 제조사들의 자존심에 심한 스크래치가 날 테니까요. 이렇게 테슬라는 배터리 셀 직접 생산을 통해 배터리 제조사들이 새롭게 시도할 연구 개발의 방향을 제시하고, 그 속도까지 끌어올리도록 채찍질하고 있습니다.

테슬라가 직접 시도하는 배터리 혁신

그렇다면, 테슬라가 배터리 데이 행사에서 제시한 배터리 연구 개발의 방향은 무엇일까요? 배터리 기술에 대해서는 국내 주식 투자자들 사이에서도 관심이 높은 영역인지라, 간단히 다뤄보려 하는데요. 앞서 이야기했던 일론 머스크의 엔지니어링 5단계 원칙을 기억하시나요? 이 5단계 원칙에 비추어 테슬라가 배터리 데이에서 제시한 주요 원가절감 방안을 정리해보았습니다.

❶ **설계 요구 사항이 정말 맞는 것인지 검증해라 → 4680 폼팩터 개발**

테슬라가 메인 폼팩터로 사용하던 원통형 배터리는 2170이라는 한 가지 사이즈로 표준화되어 있었습니다. 21은 지름, 70은 높이 규격(mm)을 말하는데요. 근본적으로 이 2170이라는 사이즈가 배터리 성능과 원가에 최적인 크기인지 근본적인 의문을 제기한 겁니다. 테슬라는 주행거리를 극대화하면서 원가를 절감할 수 있는 최적의 배터리는 4680, 즉 지름 46mm, 높이 80mm의 규격이라는 결론을 도출합니다. 지금껏 글로벌 표준처럼 사용되던 기존의 규격을 뒤집고, 자신만의 새로운 폼팩터 표준을 제시한 겁니다.

❷ 필요 없는 부품이나 프로세스를 제거해라 → 탭 제거

테슬라가 발표한 배터리 탭

기존 배터리에는 전자의 이동 통로인 탭Tab이라는 부품이 있습니다. 테슬라는 이 탭의 필요성에 의문을 던집니다. 배터리의 부피와 에너지 밀도를 높이자 탭이 병목이 되면서 저항과 발열 문제가 발생하는데요. 테슬라는 이를 해결하기 위해 무언가를 덕지덕지 붙이기보다, 설계 도면에서 아예 지워버리는 방식으로 문제를 해결하고자 합니다. 이렇게 탭을 없앤 탭리스Tabless 구조를 통해, 전자의 이동 거리를 축소하며 충전 시간까지 단축하는 것이 테슬라의 계획입니다.

❸ 설계를 단순화·최적화해라 → 셀투보디 구조 적용

기존 전기차 배터리 팩은 크게 3단계를 거쳐 만들어집니다. 낱개 단위의 배터리인 '셀' 여러 개를 묶어 '모듈'을 만들고, 다시 모듈 여러 개를 묶어 '팩'을 완성합니다. 이렇게 완성된 팩을 자동차 차체에 끼워 넣으면 비로소 동력원으로 쓸 수 있게 되는데요. 보다 쉽게 비유를 하자면, 과자가 부서지는 것을 막기 위해 두세 개씩 묶어 작은 종이상자에 넣어 포장하고, 이런 작은 상자 여러 개를 다시 큰 종이상자에 넣은 뒤, 이를 매대에 진열해 판매하는 방식이라고도 설명할 수 있겠습니다.

테슬라는 이런 모듈과 팩을 모두 생략하고 셀을 그대로 자동차 차체Body에 끼워 넣을 수 있는 '셀투보디CTB, Cell to Body' 구조를 만들 겠다고 선언합니다. 불필요한 설계를 없애고 최대한 단순화된 구 조를 통해 생산 시간을 단축하고 원가를 절감하려는 겁니다.

❹ 생산 속도를 높여라 → 생산 속도 극대화

설계가 단순해지면 생산 속도를 올리기도 쉬워집니다. 빠르게 돌 아가는 신문 윤전기나 음료 보틀링 기계처럼 배터리 생산공정의 속도도 이렇게 고속화하겠다는 겁니다. 이를 통해 라인당 생산량 을 기존 대비 7배까지 키우겠다고 하는데요. 과연 이게 가능할까 싶은 엄청난 속도입니다.

이렇게 생산 속도를 올린다면, 굳이 추가로 공장을 짓고 설비를 도입하지 않아도, 같은 공장에서 더 많은 양의 배터리를 생산할 수 있겠죠. 가능하기만 하다면 꼭 한번 도전해볼 만한 개선 방향입니다.

❺ 자동화해라 → 로봇을 통한 무인화

배터리 데이 이후 테슬라는 배터리 자체 생산공정을 영상으로 공 개합니다. 여기서 주목할 점은 이 영상에는 사람의 모습이 거의 등장하지 않는다는 겁니다. 추측해보자면 인력 투입을 최소화하고 공정을 무인 자동화하려는 일론 머스크의 꿈이 배터리 공장에도 적용된 것 아닐까 싶습니다. 아직 공식적으로 알려진 바는 없지만, 테슬라의 자체 배터리 생산공정은 경쟁사의 공정보다 더 높은 자동화 수준이 적용되었을 것이라고도 추측해볼 수 있습니다.

이 외에도 건식 공정 적용, 실리콘 음극재 적용, 코발트 제거 등 테슬라는 배터리 원가를 절감하기 위한 다양한 방법들을 제안했는데요. 기술적으로 깊이 있는 내용이라 책에서는 자세히 다루지 않겠지만, 관심 있는 분들이라면 꼭 한번 유튜브에서 테슬라 배터리 데이 영상을 직접 찾아보시길 권해드립니다.

이렇게 테슬라가 배터리 데이에서 기술 개발을 통한 원가절감 방향성을 제시하자, 파나소닉과 LG에너지솔루션 등 테슬라에 배터리를 공급하던 배터리 셀 제조사들은 거짓말처럼 줄줄이 4680 개발에 돌입합니다. 그뿐만 아니라 탭리스 구조나 셀투보디 구조 등 배터리 데이에서 제시된 배터리 개선 방안들을 적용하는 방법을 연구 개발하기 시작합니다.

테슬라의 발표가 배터리 제조사들에는 사실상 '이런 개선안이 적용되지 않은 배터리는 앞으로 사지 않겠다'는 선언처럼 작용한 겁니다. 만약 테슬라가 제시한 방법을 적용해 배터리 원가를 혁신적으로 절감하는 데 성공한다면, 이를 미적용한 배터리는 선택할 이유가 부족할 테니까요. 앞서 이야기한 것처럼 배터리 제조사들의 자존심에도 스크래치가 날 것이고요.

🚗 테슬라를 따라가는 기존 업체들

간단히 정리해보겠습니다. 2030년 전기차 2,000만 대 판매라는 목표를 달성하기 위해 테슬라는 더 저렴하고 많은 양의 배터리가 필요합니다. 이를 위해 테슬라는 2020년 배터리 데이 행사에서 배터리 직접 생산에 뛰어들겠다는 계획을 발표합니다. 테슬라는 직접 생산을 통해 배터리 수급을 안정화하는 것뿐 아니라 원가까지 대폭 절감하고자 합니다. 기존 배터리 셀 제조사들이 상대적으로 소홀했던 제조원가 개선에 박차를 가할 수 있을 뿐 아니라, 그들이 가져가는 중간 마진을 없애 더 저렴한 비용의 배터리 수급을 목표로 하고 있습니다.

물론 그 과정이 결코 쉽지는 않아 보입니다. 2024년 9월 테슬라는 자체 생산한 4680 배터리가 1억 개에 도달했음을 공식 발표합니다.[4] 차량으로 환산하면 약 10만 여 대의 전기차에 탑재될 수 있는 분량인데요. 테슬라가 연간 200만 대의 차량을 팔고 있음을 감안하면, 자체 생산 규모를 빠르게 확장하기가 쉽지 않은 상황으로 추정됩니다. 다만 여러 가지 어려움에도 불구하고 계획대로 꿋꿋이 자체 생산을 추진해나가고 있는 것은 분명해 보입니다.

반대로, 왜 기존의 전통 자동차 제조사들은 직접 배터리 셀을 만들지 않고 조인트 벤처 설립에만 힘을 쏟고 있을까요? 아마도 전장이 너무 넓기 때문일 겁니다. 배터리 팩 개발, 자율주행 소프트웨어 개발, 자체 차량용 반도체 개발, 충전 인프라 설치 등 미래 자동차에는 테슬라의 주도로 너무나 많은 변화들이 일어나고 있습니다. 하나하나가 쉽지 않은 과제들입니다. 기존 자동차 제조사들이 밟아보지 못한 낯선 영역일 뿐 아니라, 직접 하기에는 많은 자본과 인력이 필요한 부분입니다. 그래서 배터리 셀 직접 제조가 중요하다는 걸 알면서도 섣불리 나서지 못하고 차선책인 조인드 벤처를 선택하는 게 아닐까요.

하지만 점점 더 많은 경쟁자들이 결국 테슬라의 방식을 따를 겁니다. 이미 폭스바겐, 토요타 등 굵직굵직한 제조사들이 배터리 데이 이후 배터리 자체 개발 및 생산 계획을 발표하고 나섰죠. '누가 더 빨리 따라 하느냐'에 따라 '누가 빨리 따라가느냐'가 결정될 거라고 봅니다.

자동차 제조사가
AI 반도체까지 만들어야 할까?

🚗 내재화, 이제 반도체까지?

배터리가 '전기차 연간 2,000만 대 판매'라는 목표를 달성하기 위한 가장 큰 '병목'이었다면, 자율주행은 이 목표를 보다 손쉽게 달성하게 하는 '지렛대'가 되어줄 겁니다. 만약 테슬라에서만 완전 자율주행이 가능하다면, 이는 테슬라 차량을 구매할 압도적인 장점이자 이유가 될 테니까요. 자동차 산업에 전무후무한 임팩트를 가져올 수 있는 소프트웨어 옵션이 될 것이라고 보는데요. 이는 반대로 자율주행 개발이 지연되거나 불가해진다면, 현재 테슬라에 대한 밸류에이션이 유지되기 힘들어질 수 있다는 뜻이기도 합니다. 여타 OEM 경쟁자들과 동등한, 그저 평범한 전기차 회사 중 하나로 전락할지도 모르겠습니다.

테슬라의 미래를 좌우할 완전 자율주행을 실현하는 데 있어 가장 큰 장애물은 무엇일까요? 앞서 이야기했듯, 장애물이 생기면 내재화를 통해 직접 필요에 맞게 다시 설계하고 제조해 해결하는 것이 테슬라의 문제 해결 방법론입니다. 따라서 지금 자율주행 AI와 관련해 테슬라가 직접 깊숙이 관여하고 있는 영역이 무엇인지 찾아본다면, 장애물이 무엇인지에 대한 답도 나오겠지요.

테슬라는 2021년과 2022년, 두 차례의 AI 데이라는 별도의 행사를 통해 자율주행 개발 방식과 진행 상황을 공개하는 자리를 갖습니다. 비록 상대적으로 화제성은 낮았지만 여기서 주목해야 할 부분은 바로 '도조Dojo' 컴퓨터의 개발입니다. 도조는 '훈련 도장'을 뜻하는 일본어인데요. 단어 뜻에서부터 알 수 있듯, AI 모델을 훈련하는 데 쓰이는 테슬라의 컴퓨터를 말합니다. 즉, 자율주행용 AI 모델을 훈련하는 데 쓰이는 반도체 칩과 이를 활용한 슈퍼컴퓨터를 테슬라가 직접 만들겠다고 발표한 겁니다.

앞서 이야기했듯 테슬라는 일찍이 배터리부터 모터, 차량용 소프트웨어와 ERP(전사적자원관리) 같은 사내 시스템까지 온갖 부품과 소프트웨어를 자체 개발하고 생산해왔습니다. 이런 넓은 범위의 수직 계열화에 테슬라 나름의 합리적인 이유가 있었다지만, 그럼에도 불구하고 '그렇게까지 할 필요가 있는가', '너무 과한 것 아닌가' 하는 외부의 따가운 시선이 줄곧 존재해왔던 것도 사실입니다.

그 와중에 반도체와 슈퍼컴퓨터까지 직접 만든다고 하니, 전통 자동차 업체들은 더더욱 눈이 휘둥그레질 수밖에 없었을 겁니다. 물론 여기서 반도체를 '만든다'는 것이 직접 공장까지 세워 제조하는 것이 아니라 '설계'에만 한정된다고는 하지만, 자동차를 파는 회사가 꼭 복잡한 반도체까지 직접 설계해서 써야 하는가 싶은 거죠.

그래서 이번에는 테슬라가 왜 자율주행을 위해 군이 직접 AI 반도체를 개발했고, 이와 관련한 테슬라만의 경쟁력은 무엇인지에 대해 이야기해보려 합니다. 이번 파트는 보다 자세한 설명을 위해 불가피하게 일부 기술적인 용어들을 가져왔습니다. 조금 어렵게 느껴지시는 분들은 가벼운 마음으로 중간중간 건너뛰며 읽으셔도 됩니다.

테슬라는 왜 직접 반도체를 개발했나?

"소프트웨어에 정말로 진심인 사람이라면, 자신만의 하드웨어를 만들어야 한다."　　　　　— 앨런 케이, 미국의 컴퓨터 과학자이자 UCLA 교수

애플의 스티브 잡스가 프레젠테이션에서 인용하며 유명해진 IT 업계의 명언입니다. 실제로 전 세계에서 손에 꼽히는 소프트웨어

회사라 할 수 있는 구글, 애플, 마이크로소프트, 메타 등은 모두 일찌감치 자체 반도체를 활용 중이거나 활용을 추진하고 있습니다. 자체 설계 반도체를 활용하는 것이 업계의 관행이자 표준처럼 자리 잡아 가고 있는 것인데요.

그렇다면 이들은 왜 반도체를 직접 개발하고 있으며, 우리가 주목하고 있는 테슬라 역시 왜 이런 IT 기업들처럼 반도체 직접 개발에 나선 걸까요? 결론부터 말하면 AI 모델의 대형화로 컴퓨팅 수요는 폭증하고 있으나, 시중에 있는 연산장치로는 이러한 수요를 제대로 충족시키지 못하고 있기 때문입니다. 비유하자면, 비디오 게임의 그래픽 수준이 현실에 가까울 정도로 빠르게 발전하고 있는데, 컴퓨터 성능 발전 속도가 이를 따라가지 못하고 있다고 할까요. 이제, 수요와 공급 두 가지 측면으로 나누어 보다 자세한 이야기를 해보려고 합니다.

❶ 수요: 너무 빠르게 증가하는 컴퓨팅 파워

먼저 '수요' 측면의 이야기부터 먼저 해보겠습니다. 2022년 말 챗 GPT의 등장으로, 그 어느 때보다도 많은 사람들이 AI의 상용화와 광역 보급에 기대감을 품고 있습니다. 물론 영화 속에 나오는 범용 인공지능AGI, Artificial General Intelligence까지 구현되려면 앞으로도 많은 시간이 필요할 겁니다. 그럼에도 불구하고 AGI까지 나아가기 위한

AI 개발의 '방향성' 자체는 이미 어느 정도 확정됐다는 게 중론인데요.

그 방향성이란 흔히들 말하는 '초거대 인공지능'을 만드는 겁니다. 여기서 거대하다는 의미는 '파라미터parameter'의 개수가 많음을 뜻합니다. 파라미터란 쉽게 말해 AI가 연산 중에 고려하는 변수라고 할 수 있는데요. 파라미터가 많을수록 더 많은 변수를 고려하고, 이를 통해 더 정교한 결괏값을 도출하게 됩니다.

예를 들어, 강아지와 사람 사진을 구별하는 AI가 있다고 해보겠습니다. 강아지와 사람의 눈만 보고 구별하는 AI보다, 눈, 코, 입, 귀, 얼굴 형태까지 보고 구별하는 AI가 더 정확한 결과를 도출할 수 있겠죠. 이렇게 파라미터의 개수를 늘려 모델의 크기를 최대한 키우고 대량의 데이터를 학습시키면, 이에 비례해 AI의 성능도 향상된다는 것이 업계에서는 진리처럼 받아들여지고 있는 듯합니다.

사실 10여 년 전까지만 해도 수천만에서 수억 개의 파라미터를 가진 중소형 모델이 대부분이었습니다. 개중에서 나름 큰 모델이라고 해봤자 15억 개의 파라미터를 가진 GPT-2 정도가 전부였죠. 그런데 2020년, 무려 1,750억 개의 파라미터를 갖춘 GPT-3가 등장합니다. 여기서 중요한 사실은 모델 사이즈를 어마어마하게 한번 키워봤더니 이에 비례해 성능도 눈에 띄게 비약적으로 발전하는 모습이 포착된 겁니다.

이때부터 업계에선 '더 큰 모델 = 더 나은 성능'이 공식처럼 자리 잡으면서 너도나도 초거대 모델을 만드는 데 뛰어들기 시작합니다. 글로벌 IT 공룡들인 구글, 메타, 바이두 등의 기업은 물론이고, 국내 기업인 네이버나 카카오, LG도 저마다 초거대 모델을 만들겠다고 선언하며 거대화 경쟁에 참전을 선언합니다.

너도나도 거대화에 열을 올리면서 모델의 사이즈는 점점 커지고 있는데요. 실제로 2017년 구글에서 '트랜스포머Transformer'라는 혁신적인 알고리즘을 발표한 이래, 인공지능 모델의 규모, 곧 파라미터의 개수는 2년간 240배라는 어마어마한 속도로 기하급수적으로 늘어났습니다.[5] 2023년 출시된 GPT-4의 경우, 공식적으로 파라미터 개수를 공개하지는 않았으나, 무려 조 단위의 파라미터를 갖췄을 것으로 추정되고 있습니다.

그렇다면 AI 모델은 앞으로 얼마나 더 커져야 하는 걸까요? 딥러닝이 인간의 뇌 작동 방식을 본떠 만들어졌다고들 말하는 만큼 인간 신체 구조를 통해 추측해볼 수 있지 않을까 싶은데요. 인간의 뇌에는 파라미터와 유사한 역할을 하는 시냅스synapse라는 부위가 있습니다. 한 사람의 뇌에 약 100조 개의 시냅스가 있다고 하는데요. 그렇다면 인공지능의 파라미터 개수를 이와 근접한 수준으로 늘리기만 하면 인간과 유사한 지능을 갖춘 기계를 만들 수 있는 게 아니냐는 말도 나오고 있습니다. 물론 이는 매우 단순하고 과장된 방식의 추정이지만, 이런 식이면 AI 모델은 당분간 계속해서 더 커질 거란 결론이 나옵니다.

❷ 공급: 멈춰버린 무어의 법칙

이제 공급 측면의 이야기입니다. 이렇게 모델의 '초거대화'라는 AI 개발의 방향성이 정해졌다면, 이제 방향대로 실행만 하면 될 텐데요. 바로 여기서 문제가 발생합니다. 모델이 거대화되면서 이에 맞게 더 많은 데이터를 더 빠르게 학습시킬 수 있는 컴퓨팅 파워가 필요한데, 공급이 이를 따라 주지 못하는 겁니다.

예를 들어, 실제 현실과 구별이 어려울 정도로 생생한 그래픽을 자랑하는 고사양의 게임이 새로 출시됐다고 가정해보겠습니다. 이 게임을 플레이하는 모든 유저들이 동일한 그래픽 퀄리티로 게임을 즐길 수 있을까요? 게임을 가동하는 컴퓨터 하드웨어의 성능이 따라주지 않는다면, 중간 중간 로딩이 걸리면서 버벅대는 것은 물론이고, 화면의 픽셀이 깨져 게임을 제대로 플레이할 수 없는 사람도 많을 겁니다. 유저들은 게임의 최적화가 제대로 되지 않았다며 불만 섞인 악평을 쏟아내겠죠. 아무리 성능 좋은 그래픽 퀄리티를 구현해도, 이를 감당할 수 있는 하드웨어 없이는 그림의 떡에 불과할 텐데요.

AI 모델도 이와 마찬가지라고 할 수 있습니다. 수백 명의 천재

엔지니어가 공들여 10조, 100조 개의 파라미터를 갖춘 초거대 모델을 설계하더라도, 실제로 모델을 학습시킬 수 있는 컴퓨팅 자원이 부족하다면 이를 제대로 활용하기 어려울 겁니다.

실제로 앞서 언급한 GPT-3의 경우, 모델을 한 번 학습시키는 데 무려 수개월의 시간이 걸린 것으로 알려졌습니다. AI 데이에서 발표한 내용에 따르면 테슬라 역시 FSD의 두뇌 역할을 하는 뉴럴넷을 한 번 학습시키는 데 한 달이라는 긴 시간이 걸렸다고 하는데요. 일반적인 소프트웨어가 응당 그러하듯, AI의 성능을 정교화하고 업그레이드하기 위해서는 학습 → 테스트 → 배포 → 수정, 그리고 다시 학습으로 이어지는 과정을 무수히 반복해야 합니다. 그런데 학습 한 번 시키는 데 몇 달이 걸린다면, 우리가 기대하는 인간 수준의 AI가 출시되는 날은 정말 먼 미래의 일이 될지도 모릅니다.

특히나 테슬라에게는 시간이 없습니다. 일론 머스크가 도로를 달리는 로보택시를 내놓겠다고 공언한 기한이 2020년입니다. 벌써 약속한 기한이 훌쩍 지나버렸습니다. 그런데도 완전 자율주행은커녕 레벨 3~4 수준의 자율주행도 좀처럼 완성될 기미를 보이지 않고 있죠.

이런 상황에서 학습 실행 버튼 한 번 누르고 한 달을 기다려야 하는 상황을 과연 용인할 수 있을까요? 그뿐만 아니라 이 한 달이란 시간도 앞으로는 점점 길어질 겁니다. 앞서 이야기했듯 AI 성능

향상을 위해선 모델 크기가 점점 커져야 할 테니까요. 지금 당장 뭔가 중차대한 변화를 만들지 못한다면, 학습 한 번에 한 달이 아니라 석 달, 여섯 달, 1년이 걸리는 날이 올지도 모릅니다. 바꿔 말하면, 테슬라가 약속한 완전 자율주행은 앞으로 수십 년 뒤에나 찾아올 머나먼 미래가 되어버릴 거란 말이죠.

그럼 이렇게 컴퓨팅 파워가 수요를 따라가지 못하는 이유는 무엇일까요? 결론부터 말하면 반도체 성능의 발전 속도가 모델 크기의 성장 속도를 따라가지 못하기 때문입니다.

1장에서 잠시 언급했던 '무어의 법칙'을 기억하시나요? 2년마다 반도체에 집적할 수 있는 트랜지스터의 수가 두 배로 늘어난다는 법칙으로, 쉽게 말하면 2년마다 반도체의 성능이 두 배 수준으로 개선된다는 겁니다. 실제로 이렇게 가만히 기다리기만 해도 훨씬 더 나은 성능의 반도체 제품이 계속해서 출시됐기에, 테슬라, 마이크로소프트, 메타와 같은 고객 입장에서는 굳이 직접 나설 이유가 없었습니다.

그런데 이제 반도체의 미세화 수준이 한계에 다다르며, 더 이상 집적도를 향상시키기 어려운 단계에 접어들었습니다. 전문가들은 '이제 무어의 법칙은 끝났다'고까지 말하고 있는데요. 이렇게 반도체 칩의 성능 개선 속도가 이전보다 느려지면서, 고객 입장에서는 답답해질 수밖에 없습니다. 앞서 AI 모델의 크기가 2년간 240배 커졌다고 했죠. 반도체 성능 개선은 이제 2년에 두 배도 버거운 상황이니, 제대로 된 AI 개발을 위해서는 무언가 새로운 해결책이 필요한 상황이 된 겁니다.

🚗 답은 스케일 아웃에 있다

이러한 문제를 해결하기 위해 시도되고 있는 방식은 더 많은 칩을 함께 사용하는 겁니다. 반도체 칩 하나하나의 성능을 빠르게 발전시키기 어렵다면, 같은 성능의 칩 여러 개를 이어 붙여 사용함으로써 성능을 개선하는 겁니다.

실제로 모델 크기가 커지면서 폭발적으로 늘어나는 연산 수요에 AI 엔지니어들은 더 많은 연산장치를 이어 붙여 사용하는 '병렬 컴퓨팅' 방식으로 대응하고 있습니다. 이를 '스케일 아웃Scale out'이라고 하는데요. 풀어야 할 수학 문제의 개수는 점점 늘어나는데 학생의 풀이 실력이 좀처럼 늘지 않으니, 한 명한테만 풀게 하던 걸 두 명, 세 명이 같이 풀게 하는 겁니다.

테슬라 역시 AI 모델이 커짐에 따라 이를 뒷받침하기 위해 연산장치인 GPU(그래픽 처리 장치)의 보유 개수를 늘리고 있고, 그 수가 2021년 기준으로만 무려 1만 대에 달한다고 발표한 바 있었는데요. 그런데 문제는 연산장치의 개수를 늘린다고 해서, 연산 속도가 꼭 이에 정비례하게 향상되지는 않는다는 겁니다.

앞서 이야기한 비유를 다시 사용해 그 이유에 관해 이야기해보 겠습니다. 10개 남짓의 몇 안 되는 단순한 수학 문제를 학생 두 명, 세 명, 혹은 다섯 명에게 나눠주고 풀게 하는 일은 어렵지 않습니다. 그런데 풀어야 할 수학 문제가 500만 개, 학생 수는 10만 명으로 늘어난다면 어떨까요?

문제 수가 500만 개쯤 되면, 문제지를 나르는 것부터 큰일이 됩니다. 학생들이 끊김 없이 문제를 계속 풀 수 있도록 산더미 같은 문제지를 교무실에서 각 교실로 열심히 운반해야 합니다. 학생들이 문제를 풀고 나면, 각 반의 선생님들이 답안지를 회수해서 다시 교무실로 부지런히 나르는 작업도 만만치 않게 힘들겠죠.

또한, 어떤 문제들은 학생 여러 명이 합심해서 풀고 답안을 맞춰 보는 작업까지 거쳐야 한다면 어떨까요? 예를 들어 문제 하나를 학생 A, B, C, D, E 다섯 명이 함께 풉니다. 그리고 E가 풀이 결과를 취합해 가장 많이 나온 답이 무엇인지 파악합니다. 가장 많이 나온 답을 모두에게 전파하고, 해당 값으로 모두의 답안지를 교체하게 합니다. 단순히 문제를 받아 푸는 게 아닌 이런 복잡한 과정들을 진행하게 된다면, 학생들 간에 결과물을 전달하고 의사소통을 진행하는 데 적잖은 시간이 소요될 겁니다.

이렇게 문제를 푸는 학생 수가 늘어날수록 학생과 학생 간의, 혹은 교실과 교무실 간의 소통 속도가 느려지면서 병목현상이 발생합니다. 문제지가 교실에 도착하지 않는다면, 혹은 학생들 간에 결과물을 공유하는 시간이 지나치게 오래 걸린다면, 학생 숫자를 아무리 늘려도 문제를 푸는 시간에는 별 변화가 없을 수도 있습니다. 또 다 풀어낸 답안을 교무실로 빠르게 운반하지 못한다면, 아무리 문제를 빠르게 푼다고 해도 별 소용이 없을 겁니다.

GPU 장치가 늘어나도 연산 성능은 GPU 개수에 정비례하게 향상되지 않는 이유 역시 위의 상황과 같습니다. 아무리 연산장치의 개수가 늘어나 연산 속도를 빠르게 만든다고 할지라도, 연산장치와 메모리 간의, 연산장치와 연산장치 간의 데이터 전송속도가 이를 받쳐주지 못하기 때문입니다.

이렇게 시간당 전송 가능한 데이터의 양을 '대역폭Bandwidth'이라고 하는데요. AI 모델의 크기가 커지고 학습할 데이터가 많아지면, 메모리와 연산장치 간에, 연산장치와 연산장치 간에 주고받아야 할 데이터가 많아지고, 이를 위해 요구되는 대역폭의 수준 역시 높아질 수밖에 없습니다.

그런데 이 대역폭의 발전 속도가 생각보다 훨씬 느리게 발전하면서 연산 속도의 발목을 잡고 있습니다. 실제로 지난 20여 년간, 연산장치의 처리 속도는 약 9만 배 높아진 반면, 메모리와 연산장치 간의 대역폭은 고작 30배 남짓 높아졌다고 합니다.[6] 이대로라면 아무리 연산장치를 이어 붙여서 연산 속도를 높여도 GPU는 학습할 데이터가 없어서 손 놓고 놀게 되는 꼴이 됩니다. 문제를 빨리 풀기 위해 학생 수를 늘려 놓았는데 문제지가 제때 배달되지 않아, 학생들이 마냥 기다리고만 있는 상황이라고나 할까요.

D1, 근본부터 스케일 아웃을 고려해 만든 칩

이러한 문제는 어떻게 해결해야 할까요? SK하이닉스 같은 반도체 칩 제조사들이 어서 빨리 더 높은 대역폭의 메모리를 내놓도록 독촉해야 할까요? 아니면, 현재 GPU 시장을 독점하다시피 하는 엔비디아와 전략적 제휴라도 맺어 연산장치 병렬화 기술에 투자해야 할까요?

언제나 그렇듯, 테슬라의 해결 방식은 필요에 맞게 처음부터 직접 다시 만드는 것입니다. AI 데이에서 발표한 내용에 따르면, 점점 더 커지는 모델을 더 빠르게 학습시키기 위해 테슬라는 태생부터 스케일 아웃에 초점을 맞춘 AI 반도체를 직접 설계했습니다.

비유하자면, 맨 처음 학교를 지을 때부터 학생과 학생 간의 소통에 최적화된 방식으로 책상을 배열하고, 교실과 교무실 간에 문제

PART 2   일론 머스크의 계획이 남다를 수 있었던 이유   215

지 운반이 용이한 형태로 건물을 설계한 겁니다. 문제를 푸는 학생 수를 아무리 늘리더라도 학생 간의 소통이나 문제지 운반 속도가 느려지는 병목이 발생하지 않도록 말입니다.

AI 학습용 반도체 칩 하나를 구성하는 가장 작은 연산 단위를 '트레이닝 노드Training Node'라고 부릅니다. 테슬라는 이 가장 작은 단위인 노드부터 스케일 아웃에 최적화된 구조로 다시 설계합니다.

이런 노드를 모아 구성한 'D1' 칩은 상하좌우 어느 방향으로든 동일하게 높은 대역폭을 제공할 수 있다고 하는데요. 시중에 있는 엔비디아나 구글의 연산장치와 비교하더라도 최소 4배 이상 높은 대역폭을 구현할 수 있다고 하니, 놀라울 따름입니다.

D1 칩은 25개가 모여 다시 한 개의 트레이닝 타일Training Tile이 되는데요. 트레이닝 타일이 다시 모여 시스템 트레이를, 시스템 트레이가 모여 캐비닛을, 캐비닛이 모여 엑사포드ExaPOD라는 테슬라 슈퍼컴퓨터의 최종 구성단위를 만들어냅니다. 이렇게 만들어진 슈퍼컴퓨터 도조Dojo의 성능은 가히 압도적이라 할 수 있는데요. 현존하

테슬라 트레이닝 타일의 구조도

는 여타 AI 학습용 슈퍼컴퓨터와 비교해, 성능은 네 배, 전력 사용 효율은 30%나 뛰어나고, 공간은 다섯 배나 덜 차지합니다.

이렇게 테슬라는 가장 작은 단위인 트레이닝 노드부터 칩, 트레이닝 타일까지 모두 스케일 아웃 하나만 바라보고 다시 만들어 냈습니다. 연산장치의 개수가 늘어나더라도 손실 없이 높은 대역폭을 유지할 수 있도록 말이죠.

🚗 테슬라의 진정한 기술적 해자는 풀스택 개발 역량에 있다

그렇다면, 이렇게 물을 수 있을 것 같습니다. 테슬라의 다른 경쟁자들도 테슬라를 따라 스케일 아웃에 적합한 반도체 칩을 설계하면 되는 것 아니냐고요. 실제로 포드나 GM 같은 미국 자동차 제조사들도 코로나19 기간 차량용 반도체 수급 부족을 계기로 직접 반도체 설계에 관여하기 시작했다고 하니, 아예 불가능한 일은 아닌 것처럼 느껴지기도 합니다.

하지만 테슬라 D1 칩의 놀라운 퍼포먼스가 단순히 칩을 자체 설계했기 때문이라고만 보기는 어렵습니다. D1 칩이 엔비디아 'A100'이나 구글 'TPU' 등 여타 연산장치들을 제치고 극대화된 효율을 낼 수 있는 배경에는 테슬라의 AI '풀스택Full Stack' 개발 역량이 자리하고 있습니다. 여기서 풀스택 개발 역량이란 AI를 구현하기 위한 백엔드 인프라부터 실제 소비자가 이용하는 AI 서비스까지 모든 단계를 테슬라가 직접 개발하는 것을 말합니다.

보다 쉽게 설명하자면, 음식점에 비유해볼 수 있을 것 같습니다. 고속도로 휴게소 푸드 코트에 입점하는 프랜차이즈 음식점에는 운영상 제약이 많습니다. 일단 음식 종류에 상관없이 주방 설비와 구조가 모두 동일하게 설계돼 있고, 손님들이 앉을 좌석의 배치나 인테리어도 따로 변경이 어렵습니다. 또한 프랜차이즈 특성상 대부분의 식재료를 본사에서 조달받으니, 마음대로 재료 구매처를 변경하기도 어려울 겁니다. 사실상 식당 설립부터 운영까지, 밸류 체인상 점주가 할 수 있는 일은 주어진 공간에서 음식을 열심히 만들어서 내보내는 것 정도입니다.

반면, 내가 원하는 위치에 직영 음식점을 차린다면 많은 것이 자유로워집니다. 메뉴 특성에 맞게 빠르고 쉽게 조리할 수 있도록 화구 수나 동선을 정해 주방을 효율적으로 설계할 수 있을 겁니다. 또 상권 특성과 소비자 선호를 반영해 좌석 배치나 인테리어를 최적화할 수도 있을 것이고요. 재료 조달도 직접 해야 하니 더 저렴한 구매처를 지속적으로 물색하며 원가 효율화를 추진해볼 수도 있습니다. 결국, 밸류 체인상 점주가 직접 맡는 일이 늘어날수록 식당 운영 방식을 상황에 맞게 최적화하는 게 가능해집니다. 풀스택 개

일론 머스크 플랜3

발은 이런 직영 음식점의 운영과 유사하다고 할 수 있을 것 같습니다. 식당의 위치 선정부터 인테리어, 재료 조달, 메뉴 선정까지, 서비스를 구현하는 데 필요한 밸류 체인을 모두 직접 수행하며 최적화하는 겁니다.

실제로 테슬라는 소비자들이 사용하는 FSD 서비스부터 이를 구현하기 위한 FSD 뉴럴넷, 뉴럴넷을 학습시키기 위한 도조 컴퓨터 인프라, 그리고 이를 구성하는 D1 칩과 각종 소프트웨어까지 모든 영역을 직접 개발, 서비스하고 있습니다.

그렇기 때문에 '무엇이 중요한지' 바로 알 수 있다는 게 테슬라의 가장 큰 장점이자 경쟁력입니다. 상하위 레이어에서 무엇을 필요로 하는지 정확하게 알고 있기에, 이에 맞춰 불필요한 요소는 제거하고 각 레이어의 구성 요소를 최적화할 수 있게 됩니다.

예를 들어, 테슬라의 반도체 설계 엔지니어들은 자신이 설계하는 D1 칩이 구동해야 할 뉴럴넷의 구조와 용량에 대해 상세히 알고 있습니다. 그뿐만 아니라 앞으로 뉴럴넷을 어떤 방향으로 개선하고 발전시켜 나갈지 수정 사항이나 로드맵에 대해서까지 실시간으로 공유받고 있겠죠. 따라서 반도체 설계에서도 어떤 요소들이 불필요하고, 어떤 방향의 성능 개선이 필요한지 정확히 인지하고 설계에 반영할 수 있을 겁니다.

또 다른 예로, FSD 뉴럴넷의 알고리즘을 짜는 테슬라 소프트웨어 엔지니어들은 실제 FSD 유저들이 전송하는 오류 데이터를 넘겨받아 분석하고 반복해서 테스트할 수 있습니다. 이를 바탕으로 모델에서 어떤 부분의 개선이 필요한지 정확히 파악하는 것은 물론, 집중 학습을 통해 오류를 개선할 수 있을 겁니다.

어떻게 보면 너무나 당연한 이야기입니다. 이렇게 서비스, 인프라, 하드웨어, 소프트웨어가 하나의 단일 주체에 의해 개발되면 필요에 맞게 최적화돼 최고의 효율을 낼 수 있다는 것이요. 하지만 현재 AI 업계에서 이렇게 가장 윗단의 서비스부터 가장 아랫단의 반도체 칩까지 풀스택을 갖춘 IT 기업은 지구상에서 테슬라와 구글단 두 기업 정도입니다. 국내에서는 KT가 가장 적극적으로 풀스택 확보에 노력하고 있는 것으로 보이는데요. 테슬라와 같은 자체 풀스택 역량 확보가 아닌, 리벨리온, 모레 등 다수의 국내 기업과의 제휴를 통한 방식입니다.

그만큼 풀스택 개발 역량을 모두 확보한다는 것은 매우 어려운 일이자 모든 엔지니어가 꿈에 그리는 목표인데요. 테슬라는 AI 데이 행사 시점을 기준으로 이미 풀스택 역량을 확보한 것은 물론이고, 세계 각지에서 최고 수준의 AI 인재 풀을 흡수하며 그 역량을 더욱더 강화하고 있습니다. 이런저런 기술적인 설명까지 끌어오면서 길게 이야기했지만, 결국 테슬라는 AI에 있어 경쟁자들이 쉽게 모방하기 힘든 경쟁력을 갖추고 있다는 게 결론입니다.

일론 머스크 플랜3

"도조 V1은 일반적인 목적의 AI보다는, 광범위한 비디오 데이터 기반 학습에 고도로 최적화되어 있습니다. 도조 V2는 이러한 한계를 넘어설 예정입니다."

2023년 7월, D1 칩이 드디어 본격적으로 양산된다는 소식이 들려왔습니다. 두 차례의 AI 데이에서 약속한 만큼의 성능을 낼 수 있을지 그 결과가 궁금해지는데요. 이에 성공한다면, 테슬라가 여타 자동차 제조사나 IT 기업이 감히 모방하기 힘든 강력한 기술적 해자를 구축하고 있음을 공개적으로 입증할 수 있을 겁니다.

또 하나의 주목할 만한 포인트는, 향후 출시될 두 번째 버전의 도조 슈퍼컴퓨터인데요. 현재 양산 예정인 첫 번째 버전이 영상 학습에 최적화된 컴퓨팅 인프라라면, 두 번째는 범용 인공지능, 즉 AGI 학습에 쓰일 수 있다고 합니다. 테슬라 자동차뿐 아니라, 향후 출시될 로봇이나 AI 비서의 인공지능 고도화에도 도조 슈퍼컴퓨터가 쓰일 수 있을 것이라는 말입니다.

과연 테슬라의 자체 설계 반도체가 완전 자율주행은 물론이고 AGI의 보급 속도까지 앞당길 수 있을지 주의 깊게 지켜봐야 할 것 같습니다.

테슬라 에너지,
본격 성장은 지금부터다

🚗 에너지 기업으로의 전환이 시작되다

테슬라가 우여곡절을 거쳐 연 2,000만 대의 전기차를 판매하게 되더라도, 앞서 말한 바와 같이 재생에너지 보급 확대가 동반되지 않는다면 반쪽짜리 성공에 불과합니다. 탄소 배출구가 자동차 배기구에서 발전소로 옮겨가는 눈속임에 불과할 테니까요. 때문에 에너지 사업은 전기차를 보조하는 부수 사업이 아닌, 테슬라의 또 하나의 핵심 사업이라 할 수 있습니다.

2024년에는 본격적으로 에너지 사업이 의미 있는 규모로 성장하는 신호탄이 터집니다. 7월, 테슬라의 2분기 인도량 실적이 공개되자마자 많은 사람들이 환호성을 질렀는데요. 하지만 투자자들의 이목을 끈 것은 기대치를 상회한 전기차 인도 대수가 아니었습니다. 퀀텀 점프라고 할 수 있을 만한 초고속 성장을 보여준 에너지 저장장치에 대한 것이었는데요.

이날 테슬라는 2024년 2분기 9.4GWh의 에너지 저장장치를 인도한 것으로 발표했습니다. 이는 직전 분기 대비 2배, 전년 동 분기

연도별 테슬라 ESS 설치량

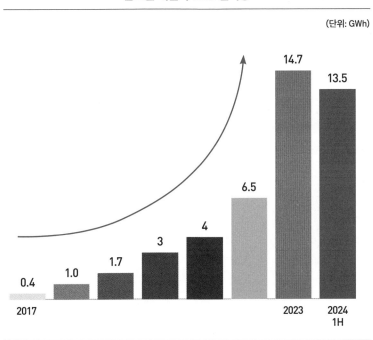

(단위: GWh)

14.7
13.5
6.5
4
3
1.7
1.0
0.4

2017 2023 2024 1H

대비와 비교해도 2.5배 이상 늘어난 수치입니다. 2024년 1, 2분기 출하량을 합치면, 이미 2023년 연간 총 출하량에 육박하는 수준이고요. 전기차 판매는 부진했지만 에너지 사업이 급성장하며 이를 보완할 가능성을 보여준 것입니다. 이는 '전기차 기업'이 아닌, '에너지 기업'으로서의 테슬라의 잠재적 가치를 의미 있는 숫자를 통해 증명한 순간이었다고도 볼 수 있을 텐데요. 덕분에 주가 역시 하루만에 무려 10%나 급성장하며, 다시금 투자자들의 관심이 몰리기 시작합니다.

앞선 장에서 재생에너지 성장은 정해진 미래이며, 테슬라는 일찍부터 이를 예측하고 성장의 길목에서 기다려왔다는 이야기를 간단히 했습니다. 일론 머스크 역시 테슬라의 에너지 사업이 중장기적으로는 전기차 사업만큼 커질 것이라고 발언하기도 했고요. 이러한 예측처럼 테슬라 에너지 사업이 실제로 계속해서 급성장을 이어갈 수 있을지, 조금 더 최근 시점에서 구체적으로 이야기하려 합니다.

향후 5~10년간 재생에너지의 보급 확대를 이끌 동인은 무엇일까요? 이러한 성장의 수혜를 받을 수 있도록 만들, 테슬라 에너지 사업의 궁극적 경쟁력은 어디에 있을까요?

🚗 재생에너지 확대는 여전히 메가 트렌드다

사실 재생에너지 비중이 지속적으로 확대되면서, 그 타당성에 대한 이견과 잡음은 끊이지 않았습니다. 재생에너지 확대가 공급자 주도하에 다소 일방적으로 전개되었기 때문인데요. 화석연료 발전 대비 납득할 만한 경제성 우위를 갖추지 못했음에도, 각국 정부의 탄소 감축 기치하에 보조금 수혜를 받으며 정책 주도 성장을 해온 것이 사실이었습니다. 때문에 미국의 도널드 트럼프 전 대통령과 같은 화석연료 옹호론자들은, 재생에너지를 에너지 비용 상승의 주범으로 지목하며, 석유와 천연가스 발전을 부활시켜야 한다고 지속적으로 주창해왔습니다.

하지만 최근 재생에너지의 보급 트렌드가 '공급자 주도'에서 '수요자 주도'로 바뀌는 모습이 포착되고 있습니다. 정부가 대규모 보조금을 살포하며 강제 성장을 이끌지 않더라도, 시장에서 화석 연료보다 재생에너지를 선호할 만한 명확한 이유가 하나 둘씩 생기고 있습니다.

첫째로는, 설치 기간이 짧다는 장점이 있습니다. 미국의 경우, 제조업의 리쇼어링Reshoring과 AI 개발 붐이 불면서, 전력 수요가 매년 급성장하고 있습니다. 기존에 없던 반도체와 배터리 공장, 그리고 AI 데이터 센터와 같은 전기 먹는 하마들이 매해 수십, 수백 개씩 새로 생겨나는 겁니다. 때문에 노후화된 기존 전력 공급 시스템만으로는 이를 감당하기 쉽지 않아, 신규 발전 설비의 건설이 필수불가결한 상황인데요.

문제는 건설 기간입니다. 제조업 공장이나 데이터 센터는 건설에 대략 2, 3년 내외의 시간이 소요됩니다. 하지만, 발전 설비 증설에는 그보다 더 오랜 시간이 필요합니다. 기후 운동단체 기후솔루션의 분석에 따르면, 가스 발전과 석탄 발전은 최초 계획부터 준공까지 각각 9년, 11년이라는 긴 시간이 필요합니다. 원자력 발전소 또한 무려 17년이라는 긴 시간이 필요하고요. 당장 내후년이면 건설이 완료될 반도체 공장이 이렇게 오랜 시간을 기다려줄 수 있을까요?

반면, 재생에너지의 경우 이러한 기존 에너지원 대비 건설 기간이 훨씬 짧다는 장점이 있습니다. 태양광 발전은 20MW 이상 대형 설비의 경우 계획부터 준공까지 5년 내외가 소요되며, 100KW~1MW로 소형화 할 경우 이를 1년 이내로 단축하는 것도 가능합니다.[7] 당장 몇 년 내에 발생할 것으로 예상되는 전력 부족 사태를 메우기 위해서는, 현실적으로 화석 에너지보다 재생에너지 발전 설비 확대에 집중하는 것이 유리할 수 있다는 말입니다.

둘째로는, 원가 경쟁력이 높아지는 현실을 들 수 있습니다. 보급 초기까지는 정부 보조금 없이 경제성을 확보하기 어려웠으나, 이제 재생에너지는 보조금 없이도 자생적으로 경제성을 갖춰나가고 있습니다. 실제로 글로벌 투자은행 라자드^{Lazard}의 2023년 분석 결과에 따르면, 대규모 태양광 발전 설비를 구축하는 데는 MWh(메가와트시)당 24~96달러가 소요됩니다. 여기에 에너지 저장장치를 추가할 경우 46~102달러로 소요 금액이 조금 늘어나고요. 반면 석탄 발전은 68~166달러, 가스 발전 39~101달러가 소요된다고 분석합니다.[8] 비록 항상 그러하다고 보장하기는 어려우나, 경우에 따라서는 태양광 발전이 화석연료 발전보다 저렴한 상황이 흔히 발생할 만큼 가격이 떨어진 것입니다.

그렇다고 해서 재생에너지가 보조금을 더 이상 받지 못하는 것도 아닙니다. 이미 2022년 미국 바이든 정부는 인플레이션 감축법 IRA 입법을 통해 재생에너지 관련 설비와 부품에 전폭적인 보조금 지원을 개시했습니다. 덕분에 재생에너지는 원가 경쟁력을 더욱더 높일 수 있게 되었고요.

물론 이러한 보조금 정책은 정권 교체에 의해 축소되거나 폐지될 가능성이 존재한다는 비판적인 시각도 있습니다. 하지만 놀랍게도 2023년 미국 내 가장 많은 태양광 발전 설비를 설치한 주는, 미국 공화당의 텃밭이라 할 수 있는 텍사스입니다. 화석연료의 부활을 외치는 보수 정치인들의 지지 기반에서조차, 재생에너지 보급이 막을 수 없는 속도로 빠르게 확대되고 있는 상황인 셈이죠. 상당수 전문가들은 도널드 트럼프와 같은 공화당 정치인이 다시 미국 대통령직에 오르더라도, 재생에너지 보급은 계속해서 확대될 것이라는 전망을 내놓고 있기도 합니다. 최근 몇 년간 우리가 모르는 사이 재생에너지의 확대는 더 이상 거스를 수 없는 확고한 메가 트렌드가 되어버린 것입니다.

🚗 테슬라 에너지 사업 경쟁력의 원천

재생에너지의 확대가 메가 트렌드라면, 테슬라는 현재 이러한 트렌드의 수혜를 가장 크게 누리고 있는 기업 중 하나입니다.

실제로 시장조사 기관 우드 맥킨지Wood Mackenzie의 자료에 따르면 에너지 저장장치 시장에서 테슬라는 2022년 기준 북미 시장에서는 25%의 점유율로 1위를 기록하고, 글로벌 시장에서는 14%의 점유율로 3위를 기록합니다.[9] 이렇게 테슬라가 에너지 시장에서도 글로벌 선도 주자라는 사실은, 테슬라를 전기차 기업으로만 알고 있던 소비자들에게는 놀랄 만한 사실이죠.

테슬라 에너지 사업의 경쟁력은 어디에서 나오는 것일까요? 흥미롭게도, 테슬라 에너지 사업의 성공 방정식은 전기차 사업의 그것과 매우 흡사합니다. 테슬라는 저렴한 전기차를 만들어 이를 널리 보급하는 것과 동시에, 이를 주행 데이터 수집 수단으로 활용하고 있습니다. 이렇게 수집한 풍부한 데이터를 활용해 자율주행 AI 소프트웨어를 고도화하고, 다시 소프트웨어를 활용해 추가 수입을 창출하고 있는데요. 에너지 사업의 전개 방식 역시 이와 크게 다르지 않습니다.

❶ 저렴한 에너지 저장장치를 만든다

모델 3와 Y가 그랬듯, 테슬라는 에너지 사업에서도 낮은 원가로 저렴한 가격의 제품을 만들어 더 많이 판매하는 것이 목표입니다. 다른 경쟁자와 차별화되는 테슬라만의 장점은, 전기차 사업에서 확보한 경쟁 우위를 적극 활용해 에너지 사업의 제품 원가 경쟁력을 높일 수 있다는 것입니다.

일단 에너지 저장장치 원가의 가장 큰 부분을 차지하는 배터리만 보더라도 그러한데요. 테슬라는 지구상에서 전기차 배터리를 가장 많이 구매하는 기업입니다. 이러한 입지를 활용해, 에너지 저장장치용 배터리를 구매할 때 배터리 제조사에게 대량 구매에 따른 할인을 요구할 수 있겠죠. 뿐만 아니라 앞서 이야기한 바와 같이 테슬라는 배터리를 직접 개발하고 생산까지 하면서, 어느 누구보다 배터리에 대해 잘 알고 있는 기업이기도 합니다. 상대적으로 배터리 구매량도 적고, 이해 또한 부족한 다른 에너지 사업 경쟁자들보다 구매 협상에 있어 절대적으로 유리할 수밖에 없습니다.

다른 핵심 부품인 인버터Inverter 역시 마찬가지인데요. 인버터는 에너지 저장장치와 전기차 모두에 쓰이는 부품입니다. 배터리와 동일한 맥락으로, 테슬라의 전기차용 인버터 사용량이 압도적으로 많기에, 에너지 저장장치용 인버터 역시 저렴한 가격에 조달할 수 있습니다. 실제로 테슬라 자체 조사 통계에 따르면, 테슬라가 2022년까지 사용한 인버터의 누적 대수는 경쟁 기업인 솔라엣지Solaredge, 엔페이즈Enphase의 사용 대수를 합친 것보다 무려 33배나 많다고 합니다.[10] 33배 더 많은 양을 구매하는 기업의 조달 가격이 그렇지 못한 기업보다 저렴한 것은 당연한 일이고요.

테슬라 제품은 부품 원가만 저렴한 것이 아닙니다. 앞서 재생에너지를 앞다투어 도입하는 이유 중 하나가 짧은 건설 기간이라고 이야기했는데요. 이러한 니즈를 공략해, 테슬라는 가장 빠르고 손쉽게 설치할 수 있는 에너지 저장장치를 개발합니다. 타 경쟁사 제품과 달리, 테슬라 메가팩은 공장에서 대부분의 조립과 테스트를 마친 상태에서 배송됩니다. 현장에 도착하면, 설비를 바닥에 고정시키고 케이블을 연결시키기만 하면 설치 작업이 끝나는 겁니다. 설치 공사가 금세 끝나니, 공사에 필요한 인건비와 설비비 역시 절감할 수 있겠죠. 이를 통해 테슬라는 업계에서 가장 저렴한 EPC(설계·조달·시공) 비용의 제품을 표방하고 있기도 합니다.[11]

❷ 더 많은 데이터를 모아 소프트웨어를 고도화한다

저렴한 가격을 무기 삼아 널리 판매되고 나면, 각각의 에너지 저장 장치는 전력 차익거래 사업을 위한 핵심 인프라 역할을 수행하게 됩니다.

주식 시장에서 단순 매매 트레이더들은 모두 알고리즘으로 대체된 지 오래이고, 이제는 AI가 직접 자산 운용까지 도맡으며 인간보다 나은 수익을 창출할 수 있음을 증명해나가고 있죠.

전력 거래 시장도 이와 마찬가지입니다. 거래 수익률을 극대화하기 위해서는 시시각각으로 변하는 기상 환경과 발전량, 전력 사용 패턴, 배터리 성능과 같은 다양한 변수를 고려해야 합니다. 이렇게 다양한 데이터를 기반으로 빠른 계산을 하는 데 있어서는 AI가 인간보다 유리할 수밖에 없습니다. 특히 더 다양하고 많은 양의 데이터를 학습한 AI일수록 우월한 성과를 낼 수 있겠죠.

각지에 널리 퍼져 있는 테슬라 에너지 저장장치는 전력 거래 AI를 고도화하는 데 필요한 데이터를 모으는 역할을 수행합니다. 자동차 주행 데이터와 달리 실제로 어느 정도의 데이터가 쌓였는지 정확히 공개된 바는 없지만, 아마도 그 규모는 테슬라의 에너지 저장장치 누적 판매량에 비례할 것으로 예상됩니다. 데이터 확보 규모에서 테슬라를 능가하는 기업을 찾기 어려울 것이라는 말입니다.

이렇게 모은 데이터를 학습해 전력 차익거래 소프트웨어인 오토

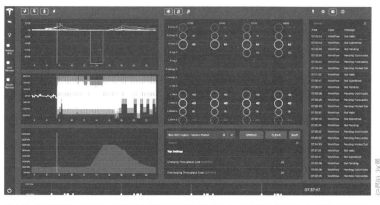

테슬라 오토비더는 실시간 데이터를 분석해 전력 시장에서 에너지를 거래할 수 있게 도와주는 플랫폼입니다. 재생에너지의 확산과 함께 오토비더의 적용 범위와 영향력이 더욱 확대될 것으로 예상됩니다.

비더의 AI 성능은 끊임없이 고도화됩니다. 고도화된 AI를 통해 테슬라 에너지 사업의 고객들은 더 많은 전력 거래 수익을 창출할 수 있게 되고요.

실제로 에너지 소프트웨어 기업인 모도 에너지Modo Energy의 조사에 따르면, 2023년 한 해 텍사스 내에서 가장 많은 매출을 창출한 프로젝트는 테슬라의 오토비더가 활용된 갬빗 프로젝트Gambit Project라는 에너지 저장소였습니다.[12] 텍사스 평균 대비 무려 50%가량 많은 매출을 창출하는 놀라운 성과로 주목을 받았습니다.

우수한 오토비더의 성능은 향후 테슬라 에너지 저장장치가 더 널리 보급될수록 더 빠르게 고도화될 것입니다. 그리고 이러한 소프트웨어의 높은 성능을 누리기 위해서라도 고객들은 테슬라의 에너지 저장장치 하드웨어를 구매할 것이고요. 하드웨어와 소프트웨어가 서로 판매를 촉진하는 선순환이 작동하리라고 기대보지 않을 수 없습니다.

🚗 테슬라 에너지 사업 성장은 지금부터다

실제로 이미 많은 고객들이 테슬라 에너지 제품을 구매하기 위해 줄을 서 있습니다. 테슬라 공식 홈페이지 기준, 2024년 7월 메가팩을 주문하면 약 9~11개월 뒤인 2025년 2분기에나 수령할 수 있다고 합니다. 2분기에 모두를 놀라게 한 엄청난 양의 제품을 출하했음에도 불구하고, 아직도 1년 가까이 기다려야 할 정도로 엄청난 대기 수요가 쌓여있는 것입니다.

2025년에는 중국 메가팩 공장 가동을 개시하며 중국 시장 진입을 앞두고 있습니다. 테슬라는 일찍이 상하이 기가팩토리 공장을 가동하면서 중국 전기차 시장을 공략해 큰 성과를 냈었죠. 중국은 이미 지난 2023년 전체 발전 설비 중 재생에너지 설비의 비중이 50%를 초과했을 정도로, 에너지 분야에서도 큰 기회가 있는 시장입니다.

이렇게 테슬라 에너지 사업 앞에는 지금까지보다 더 많은 기회들이 기다리고 있고, 테슬라의 경쟁력 역시 현재 수준보다 더욱 높아지리라고 기대하지 않을 수 없습니다. 테슬라의 미래를 점치기 위해서는 전기차뿐만 아니라 에너지 사업의 성장까지 눈여겨봐야 할 이유입니다.

PART 3

일론 머스크의 또 다른 계획:
로봇·AI부터 터널, 우주까지

Why Robot?
테슬라가 로봇에 진심인 이유

🚗 자율주행이 아닌 로봇이 주목받은 'AI 데이'

이번 장에서는 일론 머스크의 세 가지 마스터플랜에 포함되지는 않았지만, 그에 못지않게 세간의 이목을 집중시키고 있는 흥미로운 사업들을 살펴보겠습니다. 먼저 로봇 이야기부터 해볼까요?

현재 테슬라는 완전 자율주행이라는 희대의 난제를 해결하기 위해 세계 각지의 천재들을 끌어모아야 하는 상황입니다. 그래서 인재 유치라는 목적하에, 2021년과 2022년 두 차례 AI 데이를 진행하게 됩니다. 이렇게 행사 일정이 정해지자 자율주행과 관련된 서프라이즈 발표가 있을 것으로 예상되며 많은 투자자들과 소비자들의 기대가 한껏 부풀었는데요. AI 데이 행사에서 정작 사람들의 이목을 집중시킨 건, 자율주행이 아닌 로봇이었습니다.

첫 번째 AI 데이 행사의 말미에서 테슬라는 자율주행 개발에 활용되는 AI 기술을 이용해 테슬라만의 로봇인 '테슬라봇Tesla Bot'을 만들겠다는 깜짝 발표를 합니다. 카메라로 수집한 데이터를 학습해 자율주행이 가능한 AI를 만들 수 있다면, 이렇게 만든 AI를 운전뿐 아니라 일상생활에도 활용할 수 있지 않겠냐는 아이디어인데요. 이렇게 개발한 테슬라봇을 활용해 기존에는 인간이 해야 했던 위험한 일, 또는 반복적이고 지루한 작업을 대체하겠다는 겁니다.

AI 데이 행사의 앞부분에 소개된 자율주행 개발 기술과 관련된 내용이 일반 투자자와 대중들이 이해하기에는 너무 어려웠던 걸까요? 테슬라가 로봇을 만들겠다는 발표에 많은 사람들이 열광적인 반응을 보였는데요. '테슬라 밸류에이션에 이제 로봇 사업까지 포함해야 하는 것 아닌가', '테슬라가 범용 인공지능까지 개발해내는 것은 아닐까' 등 테슬라봇에 대한 커다란 기대와 궁금증이 이어졌습니다.

반면 '아직 자율주행도 제대로 완성하지 못했는데, 로봇을 만드는 게 가능하겠는가'라는 회의적인 시선도 있었습니다. 자율주행 개발이 지지부진하자 이슈를 만들어낼 목적으로 섣부르게 공개한 게 아니냐는 겁니다.

하지만 테슬라는 로봇에 정말 진심인 것으로 보입니다. AI 데이 행사는 일론 머스크 개인의 단독 발표가 아닌, 엔지니어 수십 명이 함께 나와 자신이 맡은 파트를 설명하는 방식으로 진행됐습니다. AI 데이 행사를 준비하고 테슬라봇을 만들기 위해 많은 엔지니어들이 주말 출근과 야근을 불사하며 오랜 기간 몸을 갈아 넣었다고 하는데요. 그 결과물로, 2022년 두 번째 AI 데이 행사에서는 테슬라봇의 프로토타입이 공개됩니다. 전기차만 만들기도 바쁜 테슬라가 큰 시간과 비용을 쏟아가면서 프로토타입을 만들고 이런 행사를 준비했다는 건, 그만큼 테슬라에게 로봇 사업이 중요하다는 것을 뜻하겠죠.

실제로 2022년 1월, 일론 머스크는 2022년 신제품 개발에 있어 최우선 순위가 테슬라봇이라고 언급하기도 합니다. 로봇 사업이 주가 부양을 위해 급조된 뜬구름 잡는 소리가 아닌, 테슬라가 집중하고 있는 중요 신사업 중 하나라는 겁니다.

"제품 우선순위에 대해 말하자면, 사실 우리가 올해 개발하는 가장 중요한 제품은 옵티머스 휴머노이드 로봇입니다."

테슬라는 왜 갑자기 이렇게 진심으로 로봇을 만들려는 걸까요? 그리고 그보다 먼저, 로봇 사업과 관련한 경험이 없는 테슬라가 과연 로봇을 잘 만들 수 있을까요?

많은 사람들이 가장 먼저 떠올린 테슬라봇의 역할은 아마 '가사도 우미'일 겁니다. 하기 귀찮고 힘든 빨래나 청소, 요리 등의 집안일을 돕는 거죠. 이런 일들이야말로 일론 머스크가 말한 '반복적이고 지루한 일'의 대명사라고도 할 수 있을 겁니다. 하지만 이렇게 테슬라가 만든 휴머노이드 로봇이 각 가정에 배치돼 집안일을 대체하는 모습은 누가 생각해도 근시일 내에는 실현되기 쉽지 않아 보입니다. 우리가 이미 잘 아는 것처럼, 설거지나 빨래 정리 같은 집안일은 기계로 된 손을 가진 휴머노이드 로봇이 수행하기에는 꽤나 복잡하고 어려우니까요. AI 데이 행사에서 일론 머스크가 언급한 테슬라봇의 대량 보급 목표 시점은 2020년대 후반인데요. 항상 공언한 목표 일정보다 달성 시점이 늦어져 왔던 이른바 '일론 타임'까지 고려하면, 아마 2030년대에나 로봇 가사도우미를 집 안에서 찾아볼 수 있지 않을까요.

이렇게 조금 먼 이야기 대신, 테슬라봇에는 더 급하고 중요한 과제가 있습니다. 이른바 '외계 우주 전함'으로 불리는 극도로 효율화된 생산 공장을 완성하는 겁니다. 앞에서 자세히 다뤘듯이, 일론 머스크의 꿈은 테슬라 공장을 외계 행성에서나 볼 법한, 자동화와 무인화를 통해 생산공정이 극도로 효율화된 공장으로 만드는 것이었습니다. 모델 3 양산을 개시할 때부터 이를 구현하기 위해 성급하게 생산 라인에 다수의 로봇을 배치했다가, 많은 문제를 일으키면서 한 차례 크게 실패했었는데요. 그렇다고 해서 쉽게 포기할 테슬라가 아닙니다.

알다시피 테슬라의 2030년 생산 목표는 연 2,000만 대입니다. 그런데 2023년 기준 테슬라의 생산능력은 미국 프리몬트와 텍사스, 중국 상하이, 그리고 독일 베를린의 설비를 모두 합쳐도 연 200만 대 남짓에 불과합니다. 연 2,000만 대라는 목표를 달성하려면 7년 안에 최소 10배의 생산능력을 확보해야 하는 상황인 건데요. 이를 위해 일론 머스크는 한 곳당 자동차 150~200만 대를 생산할 수 있는 공장 10~12개를 운영하는 것이 목표라고 말했습니다.

여기서 주목해야 할 건 공장 하나당 생산능력인데요. 기존 완성차 업체들의 공장 하나당 생산능력은 보통 30~50만 대 수준입니다. 세상에서 가장 거대한 자동차 공장 중 하나라는 폭스바겐 볼프스부르크 공장의 생산능력조차 연 80만 대 수준입니다. 반면 테슬라 기가팩토리의 목표 생산능력은 150~200만 대 수준으로 그 두 배에 가깝습니다.

결국 테슬라의 확장 전략은 단순히 공장의 수만 늘리는 게 아닙니다. 그와 동시에 공장 하나당 생산 효율성을 극대화하는 데 맞춰져 있습니다. 기존 자동차 제조사들이 운영하던 공장보다 최소 두 배에서 네 배 더 효율적인 공장을 구축하는 겁니다. 그리고 이 효율성 극대화에 있어, 일론 머스크가 생각한 큰 병목 중 하나는 '사람'입니다.

생산은 로봇이 하고, 사람은 이를 관리하는 일에 집중해야 한다는 게 일론 머스크의 지론입니다. 저 역시 이런 무인화가 옳은 방향성이라는 데 동의합니다. 단순히 사람 수를 늘리거나, 사람의 숙련도를 높이는 것만으로는 기존 자동차 공장보다 네다섯 배 높은 효율을 달성하는 것이 불가능합니다. 예를 들어, 전기차 배터리 팩의 배선을 파워트레인과 연결하는 일을 맡은 직원이 있다고 가정해보겠습니다. 이러한 작업의 속도를 네다섯 배 올리는 게 가능할까요? 네 배는커녕 두 배, 아니 그 절반도 힘들 겁니다. 그렇다고 해서 무작정 라인 수나 사람 수를 늘린다면 설비나 인력 비용이 높아져 원가 부담이 커지니, 테슬라가 원하는 방향은 아닐 것이고요.

사람을 통한 생산 효율을 압도적인 수준으로 끌어올리는 데는 물리적인 한계가 있습니다. 그렇기 때문에 사람보다 더 빠르게, 더 오랜 시간 동안 일할 수 있는 무언가가 필요합니다. 아파서 결근할 일도 없고, 휴식이나 교대를 할 필요도 없어야 합니다. 단순 반복 작업이라면 지치지 않고 일정한 속도로 빠르게 일을 처리할 수도 있어야 합니다. 인력을 새로 채용하느라 애를 먹을 필요도 없고, 숙련도를 향상시키는 데 오랜 교육 시간이 필요하지도 않아야 합니다.

정리하면, 외계 전함급의 극도로 높은 생산 효율을 갖춘 공장을 만들기 위해서는 로봇을 투입해 사람의 손이 생산에 개입할 여지를 최소화해야 합니다. 실제로 테슬라는 AI 데이 행사에서 테슬라봇이 가장 먼저 투입될 장소는 기가팩토리라고 이야기했습니다. 따라서 테슬라봇의 첫 번째 과제는 기존에 기가팩토리에서 생산 인력들이 수행하던 일을 하나하나 대체해 효율화하는 일이 될 겁니다.

테슬라봇을 만드는 입장에서도 공장에서 정해진 반복 업무를 수행하는 쪽이 조금 더 수월할 겁니다. 공장이라는 폐쇄된 환경에서 엄격하게 제한된 변수만 접하고 처리하면 될 테니까요. 일반 소비

기가팩토리의 제조 공정에 투입된 테슬라봇

자의 가정에서는 이보다 훨씬 더 많은 변수를 접할 것이고, 이에 따른 오작동 확률과 사고 리스크도 커질 겁니다. 공장에서 충분한 실증 테스트와 개발을 완료한 뒤에 일반 소비자에 판매하는 것이 순서상 합리적인 흐름입니다.

결론적으로, 테슬라봇은 어느 날 갑자기 하늘에서 뚝 떨어진 아이디어가 아닙니다. 일찍이 일론 머스크가 오래전부터 머릿속으로 그리던 극도로 효율화된 생산 공장의 일부로 계획됐을 겁니다. 만약 테슬라봇이 성공적으로 개발된다면, 기가팩토리의 어마어마한 확장 목표를 달성하는 데 크게 기여할 수 있겠죠. 이 과정에서 인건비 절감이나 타 기업 및 소비자를 대상으로 한 판매를 통해 추가적인 수익을 올리는 것도 가능할 것이고요.

🚗 테슬라가 로봇을 잘 만들 수 있는 이유

로봇에 대해 어느 정도 알고 계신 분이라면, 여기까지 읽으신 후 아마 이런 의문이 드실 겁니다. '로봇이 중요한 건 알겠는데, 보스턴 다이내믹스Boston Dynamics가 이미 훨씬 앞서 있지 않나? 테슬라는 한참 뒤처져 있는데 이제 와서 로봇을 잘 만들 수 있을까?'라고 말입니다.

물론 이제 막 뛰어든 테슬라보다 일찍이 1990년대부터 개발을 시작한 보스턴 다이내믹스 같은 선도 업체들이 많은 영역에서 더 앞서있는 게 사실입니다. 보스턴 다이내믹스는 로봇이 달리고 점프하거나 공중제비를 도는 영상까지 공개한 반면, 테슬라봇은 이제 막 걷기 시작한 상황이니까요.

하지만 테슬라가 만들겠다는 인간형 로봇을 상용화해서 판매하고 있는 기업은 아직 없습니다. 만약 미래에 인간형 로봇이 대량으로 보급돼 우리 일상생활을 돕는다면, 그 로봇은 아마 다른 제조사의 제품이 아닌 테슬라봇이 될 가능성이 높습니다. 이유는 크게 두 가지입니다.

첫째로, 테슬라봇은 기존 로봇들에 부족했던 '지능'을 갖출 수 있기 때문입니다. 자율주행과 마찬가지로 로봇이 알아서 움직이기 위해선 '인지 → 판단 → 제어'의 과정을 거쳐야 합니다. 보스턴 다이내믹스 로봇이 장애물을 넘고 노래에 맞춰 춤을 추는 영상에 많은 사람들이 환호를 보냈습니다. 하지만 이 로봇이 실제 인간의 업무를 대체할 만큼 인지와 판단 능력을 갖췄는지 궁금해하는 사람은 별로 없는 것 같습니다. 로봇 스스로 자체적인 지능을 갖추지 못한다면, 로봇을 조작하기 위한 또 다른 인력이 필요합니다. 주위 환경을 인지하고, 판단하고, 리모컨을 통해 제어하는 역할을 인간이 대신 해주는 겁니다. 아쉽게도 보스턴 다이내믹스의 로봇은 지능까지는 아직 갖추지 못한 것으로 보입니다. 따라서 인간을 완전히 대체하지 못하고, 인간의 조종하에 제한된 수준의 업무만을 수행할 수 있을 것이고요.

반면 테슬라는 이미 오랜 시간 자율주행을 연구하면서 인지 → 판단 → 제어 능력을 갖춘 뉴럴넷, 즉 인공 뇌를 만들어왔습니다. 테슬라 자동차는 이 인공 뇌의 지시를 통해 바퀴로 움직이는 하나의 로봇이고요. 테슬라봇은 사지를 갖춘 인간형으로 형태만 바뀐 또 다른 로봇일 뿐입니다. 그렇기 때문에 테슬라가 기존에 고도화해왔던 FSD의 기술력을 이용해 새로운 가치를 창출할 수 있습니다.

실제로 2022년에 열린 두 번째 AI 데이에서 테슬라의 로봇 엔지니어들은 자율주행에서 많은 부분을 보고 배웠다고 말했습니다. 테슬라 자동차에 쓰이던 인공지능 칩과 소프트웨어를 그대로 인간형 로봇의 뇌로 가져왔다고 하는데요. 그뿐만 아니라 자동차와 마찬가지로 테슬라봇은 카메라 기반의 비전 방식으로 사물을 인식합니다. 개별 디바이스에서 수집한 비전 데이터를 모아 두뇌 역할을 하는 뉴럴넷을 훈련시키고, 업데이트된 뉴럴넷을 다시 개별 기기로 배포하는 테슬라 자동차의 훈련 방식을 그대로 활용했다는 것입니다.

두 번째로, 테슬라봇은 기존 로봇들에 결여된 '양산성'을 갖출 수 있기 때문입니다. 보스턴 다이내믹스에서 판매 중인 강아지 형태의 로봇, 스팟^{Spot}의 2020년 초기 판매가는 무려 7만 4,500달러 수준이었다고 합니다.[1] 보스턴 다이내믹스의 인간형 로봇인 아틀라스^{Atlas}가 시판된다면 그 가격은 얼마가 될까요? 크기와 무게만으로 스팟의 두세 배는 될 테니, 가격도 비슷한 정도로 높지 않을까 하는 추측이 가능합니다.

이런 예상과 반대로 AI 데이에서 공개된 테슬라봇의 목표 판매가는 불과 2만 달러입니다. 현재 4만 달러 내외에서 판매 중인 모델 3 가격의 절반에 불과하고, 스팟의 3분의 1도 되지 않습니다. 물론 과연 언제 달성할 수 있을지 불확실한 가격이기는 합니다. '목표' 판매가일 뿐이니 실제로 판매를 시작했을 때는 이보다 더 비쌀 수도 있을 겁니다.

하지만 테슬라가 로봇 설계에 있어 처음부터 양산 보급을 염두에 두고 있다는 데에 주목해야 합니다. 아무리 완벽하게 인간을 대체할 수 있는 로봇이라 한들, 그 가격이 억 단위를 넘나든다면 이를 구매할 수 있는 사람은 매우 제한적일 수밖에 없습니다. 결국 인간을 대체하기 위해선, 인간 노동자와 비교해 가성비가 나와야 하니까요.

따라서 정말로 로봇이 인간을 대체하고자 한다면, 그 성공 여부를 좌우할 핵심 요소 중 하나는 바로 '양산성'일 겁니다. 실험실에서 비싼 샘플을 한두 개 만드는 데 그치는 게 아니라, 낮은 가격으로 대량생산해서 실제 공장이나 일반 소비자에 보급할 수 있어야 하니까요.

테슬라는 이미 전기차 제조에 있어 비슷한 과정을 거친 적이 있습니다. 슈퍼 리치들의 장난감이었던 전기차를 대량생산해 일반 대중이 구매할 수 있는 수준의 가격으로 만들었습니다. 이와 동일하게 로봇에 있어서도 '양산될 수 있는 제품'을 만드는 것이 테슬라의 목표입니다.

이를 위해 설계 단계에서부터 수직 계열화를 통해 효율성을 극대화하는 작업이 이미 진행 중이라고 하는데요. AI 데이에서 공개된 두 번째 버전의 로봇은 배터리 팩부터 액추에이터까지 모두 테슬라가 자체 제작하는 방식으로 개발되고 있다고 합니다. 개발 단계부터 양산 효율성을 고려하면서, 불필요하거나 복잡한 부분을 제거하고 최대한 생산에 유리한 방식으로 설계를 진행하려는 겁니다.

🚗 테슬라봇은 생각보다 빨리 나온다

그렇다면 테슬라의 로봇 개발은 지금 어디까지 진행됐을까요? 2023년 9월 테슬라가 공식 유튜브 채널을 통해 공개한 영상을 보면, 그 진척 속도가 놀라울 따름입니다. 제대로 걷지도 못했던 테슬

계란을 집어 올릴 수 있는 수준의 옵티머스 로봇

라봇은 이제 간단한 스트레칭이나 요가 동작을 취할 수 있게 됐습니다. 그뿐만 아니라 레고 블록을 손가락으로 집어 색깔별로 정리하는 모습까지 보였는데요. 이 정도면 정말로 단순한 수준의 노동은 수년 내로 바로 대체할 수 있지 않을까 하는 기대를 품게 됩니다.

물론 아직 갈 길이 먼 것도 사실입니다. 아무리 AI 개발에 있어 앞서있는 테슬라라 해도, 영화에 나오는 것처럼 인간 가사도우미를 대신할 만큼 발전된 수준의 로봇을 개발하는 데는 역시 생각보다 긴 시간이 걸릴지도 모릅니다. 어쩌면 우리 생애 안에 보기 힘들 가능성도 있고요.

그럼에도 불구하고, 테슬라봇이 기가팩토리에는 빠르게 투입될 수 있을 것이라는 게 제 개인적인 기대이자 예상입니다. 테슬라는 로봇을 개발하고 있을 뿐 아니라, 로봇이 작업하기에 최적화된 '환경'까지 개발하고 있기 때문입니다.

앞서 모델 3 양산 과정에서 테슬라는 무작정 로봇으로 인간을 대체하려다 실패하며 씁쓸한 교훈을 얻었다고 했었죠. 이때부터 테슬라는 생산 프로세스를 최대한 단순한 방식으로 바꿔나가고 있습니다. 배터리 공정에서는 모듈과 팩을 없애고, 차체 주조에서는 개별 용접을 최소화한 기가 캐스팅 방식을 도입합니다.

이런 과정을 통해서 테슬라 자동차의 제조 공정은 점점 단순하고 손쉬운 방향으로 바뀌고 있습니다. 로봇의 지능 수준이 올라가는 동시에, 로봇이 해결해야 할 과제의 난도도 낮아지고 있다는 말입니다. 다른 사업이나 제품 없이 로봇만 만드는 회사였다면 불가능했을 일입니다. 이런 양방향으로의 발전은 아마 테슬라만 시도할 수 있지 않을까요? 그렇기에, 테슬라가 만드는 로봇이 예상보다 조금은 더 빨리 완성돼 우리 삶 곳곳에 스며들 수 있지 않을까 하는 기대를 해보게 됩니다.

실제로 2024년 6월, 테슬라는 자동차 제조 라인에 로봇 2대를 배치했다는 소식을 발표합니다. 또한 2025년부터는 그 규모를 확대해 자사 공장 내에 수천 대의 로봇을 배치하겠다는 계획을 언급했는데요. 이러한 소식으로 미루어 볼 때, 이제 테슬라봇이 일정 수준의 상품성을 확보하고 양산을 준비하는 단계에 접어들었음을 추측할 수 있습니다.

앞서 일론 머스크의 목표 중 하나가 "기계를 만드는 기계를 만드는 것"이라고 이야기했었죠. 이 말 그대로 기계를 만드는 기계가 본격적으로 세상에 모습을 드러낼 날이 이제 멀지 않은 것 같습니다.

스페이스X,
딥테크 스타트업의 성공 신화를 쓰다

🚗 민간항공 우주산업의 문을 열다

스페이스X SpaceX는 2002년 일론 머스크가 설립한 딥테크 기업입
니다. 딥테크Deep Tech 기업이란, 이미 상용화된 기술을 활용해 제품
이나 서비스를 만들지 않고 새로운 과학적 발견이나 기술 혁신에
집중하는 기업을 지칭하는데요.[2] 스페이스X는 '인류를 다행성 종
족으로 만들겠다'는 미션 아래 우주탐사를 위한 로켓 기술을 연구
하고 있습니다.

사실 우주는 미국이나 소련과 같은 강대국 정부들이 각축전을
벌이던 '국가'의 영역이었습니다. 그러나 2000년대 이후 예산 과
다 지출이나 안전 등의 문제로 인해 정부는 한 걸음 물러나고, 정
부로부터 공을 넘겨받은 민간항공 우주 기업들이 주목받고 있습니

다. 그중 가장 돋보이는 선두 업체가 바로 일론 머스크의 스페이스X입니다.

스페이스X는 설립 초기만 해도 '미국과 소련이 천문학적인 예산을 들여 쏘아올리던 로켓을 민간 업체들이 혼자 힘으로 발사할 수 있을까?' 하는 의심의 눈초리를 받기도 했습니다. 하지만 스페이스X는 오히려 나사NASA 보다 더 탁월하고 뛰어날 수 있음을 과시하는데요. 2008년 민간 기업으로는 최초로 액체연료 로켓을 발사해 지구궤도에 도달합니다. 2010년에는 민간 기업 최초로 우주선을 발사해 회수했고, 2013년에는 정지궤도에 인공위성을 쏘아올립니

출처 Wikimedia Commons

스페이스X의 우주선 스타십 Starship**의 모습**

다. 2015년에는 로켓을 발사하고 남은 부스터를 다시 지상에 착륙시키는 데 성공하고, 2020년에는 민간 최초로 국제우주정거장ISS에 우주인을 보냅니다.

나사가 70여 년에 걸쳐 수백조 원의 예산을 투입해 이뤄낸 성취를, 일개 민간 기업이 20여 년이라는 짧은 기간 동안 성큼성큼 뒤따라간 겁니다. 로켓 발사부터 우주정거장으로 우주인과 화물을 수송하는 것까지 스페이스X는 성공적으로 나사의 역할을 대체하고 있습니다.

스페이스X가 지금 우주 기술 영역에서 가장 성공적인 딥테크 기업 중 하나임에 쉽사리 반론을 제기할 수 있는 사람은 아마 없을 겁니다. 스페이스X는 어떻게 이런 놀라운 성취를 이룰 수 있었을까요? 스페이스X는 나사, 그리고 다른 딥테크 기업들과 무엇이 달랐을까요?

Problem first, 문제부터 정의하다

"실리콘밸리식 오퍼레이션 시스템과 DNA를 우주 운송 문제를 해결하는 데 주입했습니다."

이제는 바이블이 돼버린 린 스타트업Lean Startup 방법론에 따르면, 스타트업이 가장 먼저 해야 할 일은 문제 정의입니다. 사업 초기에는 제일 먼저 우리가 어떤 문제를 해결할 것인지, 그 문제가 고객이 비용을 지불하면서 해결하고 싶어 할 만한 것인지, 그리고 우리가 그 문제를 해결할 수 있는지부터 정확히 파악하는 데 집중하는 겁니다.

하지만 이러한 문제 기반Problem-oriented 접근법과 반대로 많은 딥테크 스타트업들은 해결책 기반Solution-oriented의 접근법을 취합니다. 먼저 원천 기술을 개발해 특허나 논문을 쓰고 나서, 이를 활용해 해결할 수 있는 문제를 찾아나가는 거죠. 딥테크 기업의 창업자들은 일단 기술 개발에 성공하면 쉽게 돈을 벌 수 있을 것으로 생각하지만, 이를 시장에 적용하는 것은 아예 다른 문제입니다. 그러다 보니 많은 딥테크 기업들이 복잡해 보이지만 생각보다 돈이 되지 않는 문제에 매달린다거나, 시장과 제품 간의 핏Product-market fit을 잘 맞추지 못해 실패하게 됩니다.

반면, 스페이스X는 문제 기반 접근법을 취합니다. 어떤 문제를 해결해야 할지부터 정의하고, 그 해결을 위한 아이디어와 자원을 탐색했다는 건데요. 스페이스X가 처음 창립된 2002년으로 돌아가 보겠습니다.

사실 우주탐사를 꿈꾼 억만장자는 일론 머스크가 처음이 아님니다. 스페이스X가 설립되기 직전인 1997년, 빌 은행Beal Bank을 세워 큰돈을 벌어들인 억만장자 앤디 빌Andy Beal 역시 우주탐사를 꿈꿉니다. 그리고 자신의 이름을 딴 빌 에어로스페이스Beal Aerospace라는 회사를 창업합니다. 하지만 수천억 원의 사재를 쏟아붓고도 제대로 된 성과를 내지 못한 채 3년여 만에 폐업했는데요. 그만큼 우주 기술은 엄청난 규모의 자본과 고난이도의 기술력을 필요로 하면서, 단기간에 수익을 낼 수 있는 명확한 비즈니스 모델은 없는 매우 어려운 딥테크 영역이었습니다.

일론 머스크의 꿈이었던 화성 탐사도 마찬가지였습니다. 스페이스X의 비전은 화성 이민을 통해 인류를 다행성 종족으로 만드는 것이라고 했었죠. 하지만 사실 아무리 과학기술이 빠르게 발전하고 있다 한들, 화성에 인류를 이민 보내는 것은 단시간에 이뤄지기 어려워 보입니다. 일론 머스크도 이를 알았기에 본인이 죽기 전에 화성 이민이 진행되기는 쉽지 않을 것이라고 언급한 적이 있습니다. 누가 보더라도, 화성이라는 낯선 행성으로 수백만 명의 인간을 이주시키는 것은 엔지니어나 사업가로서 풀기 어려우면서 이윤을 내기도 힘든 고난이도의 문제입니다. 차라리 일론 머스크를 비롯한 몇몇 부자의 뜬구름 잡는 몽상 정도로 치부하고 무시하는 것이 더 합리적이라 생각될 정도죠.

만일 스페이스X가 처음부터 인류를 화성에 보내기 위해 노력했다면 어떻게 됐을까요? 사업 시작부터 전 재산을 쏟아부어 노아의 방주 같은 대규모 우주선을 만들고 초대형 로켓을 개발했다면, 지금쯤 인류가 화성에 정착했을까요? 오히려 제대로 된 로켓조차 발사하지 못한 채로 스페이스X는 10년 전에 진작 망했을지도 모르는 일입니다.

그래서 스페이스X는 화성 탐사를 장기적인 비전으로 제쳐두고, 대신 더 작은 규모의, 더 쉽게 해결 가능한, 더 빨리 이윤을 낼 수 있는 다른 문제를 찾습니다. 일론 머스크는 화성에 생물을 보내 실험할 방법을 찾던 중, 로켓 비용이 생각보다 너무 비싸다는 것을 알게 됩니다. 한번 단순히 생각해보겠습니다. 1995년 기준, 1kg의 화물을 지구궤도에 쏘아올리는 데 드는 비용은 약 2만 6,884달러(한화 약 3,500만 원)에 달했다고 합니다. 성인 남성 한 명의 체중이 평균 65kg이라고 가정하면, 사람 한 명을 우주로 보내는 데 22억 원이나 드는 셈인 거죠. 이는 화성까지 보내는 데 드는 비용이 아니라 우주 공간으로 보내는 데 드는 비용만 계산한 금액입니다. 스페이스X의 비전처럼 인류를 다행성 종족으로 만들기 위해서는 기술적인 가능성은 차치하고 비용부터 감당이 안 되는 상황이었던 겁니다.[3]

결국, 화성에 인류를 보내기 위해 풀어야 할 최우선적이자 핵심적인 문제는 로켓 발사 비용을 저렴하게 만드는 것이라는 게 일론 머스크의 생각이었습니다. 이렇게 스페이스X는 자신들이 풀어야 할 문제로 로켓 발사 비용의 절감을 선택하고, 그 해결책을 찾는 데 매진합니다.

🚗 로켓 발사 비용을 획기적으로 낮춘 비결

발사 비용 절감을 위해 스페이스X가 취한 전략은 크게 두 가지인데요.

첫 번째는 수직 계열화입니다. 처음 스페이스X를 설립하고 기존 항공 우주산업의 외주 업체들을 만난 일론 머스크는 이 바닥에 심각한 비효율이 자리하고 있음을 깨닫습니다. 많은 종류의 정부 지원 사업이 그렇듯, 부품 업체들이 느린 속도로 제품을 만들면서 과다한 비용을 청구했다고 하는데요. 그래서 스페이스X가 택한 방법은 엔진부터 발사체, 우주선에 이르기까지 모든 걸 직접 만드는 것입니다. 이렇게 되면 부품 업체들의 운영상 비효율을 직접 제거하고, 그들이 가져가는 마진까지 절감해 비용을 최소화할 수 있을 테니까요.

물론 작은 나사 하나까지 모든 디테일을 직접 만드는 건 아닙니다. 하지만 너무 비싸면서 성능이 떨어지는 비효율적인 부품이 있다면, 스페이스X는 관련 전문가를 직접 영입해서 만들어 쓰는 데

거리낌이 없습니다. 이런 수직 계열화 전략을 통해 스페이스X는 더 저렴하면서 최적화된 성능의 부품들을 사용할 수 있게 됐고, 동일한 전략이 후일 테슬라 비즈니스에도 사용됩니다. 현재 스페이스X는 이런 내재화를 통해 소프트웨어부터 하드웨어까지 무려 전체 부품의 85%가량을 직접 생산하고 있습니다.[4]

두 번째는 로켓 재사용입니다. 수백, 수천 톤의 화물을 싣고 대기권을 돌파하기 위해 우주선은 엄청난 추진력이 필요합니다. 나아가 지구궤도를 넘어 화성이나 소행성까지 날아가기 위해서는 시속 1~2만km로 날 수 있는 압도적인 에너지가 필요한 것으로 알려져 있는데요.

이렇게 어마어마한 힘에 조금이라도 더 도움이 되기 위해, 우주선은 다 쓴 연료통과 추진체를 공중에서 단계적으로 분리해 지상으로 추락시킵니다. 추락한 추진체는 보통 바다 위로 떨어져 가라앉거나, 회수해 폐기하는데요. 이는 쉽게 말해 여객기를 새로 취항해 인천에서 캘리포니아까지 승객을 실어 나르고, 그 비행기를 바로 바다에 버리는 셈입니다. 누가 봐도 엄청난 낭비일 수밖에 없는데요. 그래서 로켓 발사 비용을 절감하는 데 주요한 키는 재사용 가능성에 있다고 해도 과언이 아닙니다.

스페이스X는 줄곧 추진체 재사용 기술 개발에 매달립니다. 공중에서 분리된 추진체가 바다로 추락하면, 이를 해상 착륙장에 수직으로 착륙시켜 재사용하는 개념의 기술인데요. 결국 2015년 1단 추진체 회수에 성공하고, 이후 회수한 엔진으로 다시 로켓을 발사하는 데까지 성공합니다. 2023년 7월에는, 추진체를 무려 16번이나 재사용하는 데 성공하는 대기록을 세우기까지 합니다.[5] 추락하는 로켓을 수직으로 착륙시켜 10번 넘게 재사용한다니, 듣기만 해도 쉽지 않게 느껴지는데요. 로켓에 대해 아무것도 모르는 사람조차 어려워 보이는 기술인 만큼, 실제로 로켓 재사용 기술을 확보한 기업은 아직까지 전 세계에 스페이스X 하나밖에 없습니다.

실제 추진체를 회수하는 영상을 보면, 하늘에서 떨어지는 추진체가 바다의 모선 위에 재착륙하는 장면에서 감탄을 금치 못하는데요. 이 부분은 꼭 한번 유튜브 영상을 찾아 감상해보시길 권해드립니다. SF 영화에나 나오는 장면이 현실에서 재현된 게 아닌가 싶은 생각이 들 테니까요.

이런 전략들을 통해 스페이스X는 과연 비용을 얼마나 절감했을까요? 1981년까지만 해도, 우주에 1kg의 화물을 보내는 데는 무려 8만 5,216달러가 들었다고 합니다. 이 비용은 1995년 2만 6,884달러까지 감소합니다. 그런데 2017년 스페이스X가 팰컨 9 Falcon 9을 발사할 때는 이 비용이 1,891달러로 줄어들었고, 2020년에 팰컨 헤비 Falcon Heavy를 발사하면서 다시 951달러까지 줄어들었습니다.[6]

일론 머스크 플랜3

화물 1kg을 지구 저궤도까지 운반하는 데 드는 비용

년도	운송 수단	비용(달러)
1981	Space Shuttle	85,216
1995	Space Shuttle	26,884
2006	Falcon 1	9,930
2016	Atlas V 551	5,685
2017	Falcon 9	1,891
2020	Falcon Heavy	951

출처: Futuretimeline.net

20여 년 전에 비해 무려 10분의 1, 20분의 1 이하로 줄어든 거죠. 2023년 현재 스페이스X는 로켓 재활용 목표 횟수를 20회로 상향 조정했다고 하는데요. 앞으로 30회, 40회, 혹은 그 이상으로 로켓을 여러 차례 재활용할 수 있다면, 이 비용은 앞으로 더 파괴적인 속도로 줄어들지 않을까 기대해볼 수 있을 겁니다. 언젠가는 우리가 비행기 타듯 우주선을 탈 수 있을 정도로 말이죠.

스마트하면서 처절한 런웨이 늘리기

이 정도까지 비용이 줄어든다면, 나사 입장에서도 굳이 안전에 대한 리스크를 감수하고 비싼 예산을 들여가면서까지 직접 로켓을 발사할 이유가 없습니다. 굳이 따로 계산해보지 않아도, 우주로 승객과 화물을 운송하고 저 멀리 소행성에 로켓을 발사하는 일까지 모두 스페이스X에 외주를 주는 편이 훨씬 합리적인 선택이겠죠. 이렇게 나사로부터 항공 우주 사업을 외주로 위탁받아 수행하는 것이 스페이스X가 이제까지 생존해올 수 있었던 가장 큰 비즈니스 모델입니다.

- 2006년 상업용 궤도 운송 서비스COTS 프로그램 계약 체결(28억 달러)
- 2008년 상업용 재보급 서비스CRS 계약 공동 체결(35억 달러)
- 2011년 통합 발사 탈출 시스템 개발 계약 체결(7,500만 달러)
- 2014년 상업용 승객 운송 시스템 개발 계약 공동 체결(68억 달러)
- 2016년 미 공군 GPS 발사 계약 체결
- 2020년 미 국방성 미사일 추적 위성 건설 계약 체결(1억 4,000만 달러)
- 2021년 달 착륙선 개발 계약 체결(29억 달러)

그동안 스페이스X가 수주해온 굵직굵직한 계약만 줄잡아도 이렇게 끝없이 나올 정도입니다. 이제서야 지구 저궤도 통신망 사업인 스타링크STARLINK, 우주 운송, 소행성 광물 채굴 등의 사업으로 대중에 유명해지고 있지만, 사실 스페이스X의 주요 수입원은 정부의 우주 사업을 위탁받아 수행하는 것입니다. 이를 성공적으로 수주하고 수행하지 못했더라면, 수많은 이름 없는 우주 스타트업들과 마찬가지로 스페이스X 역시 위키피디아에 한 페이지 정도로만 남고 사라졌을지도 모르는 일입니다.

돋보이는 것은 미국 정부의 지원 정책인데요. 민간 기업들에 기술적 마일스톤을 제시하고, 이를 스스로 달성해나가도록 풍부한 재정 지원과 함께 적극적으로 유도합니다. 우주 사업은 10억, 100억 원 정도의 시드 머니로는 결코 수행할 수 없는 영역입니다. 스페이스X가 그토록 많은 비용을 절감했다고는 하나 아직도 로켓 하나 쏘는 데 수백, 수천억 원의 돈이 들 정도로 엄청난 자본집약적 산업이니까요. 아무리 일론 머스크가 페이팔을 매각하면서 억만장자가 됐다 한들, 자기자본만을 가지고 사업을 했더라면 3년 안에 망했을지도 모릅니다.

그러나 여기서 단순히 스페이스X가 미국에서 창업해서 미국 정부의 지원을 받았기 때문에 성공했다는 이야기를 하고 싶은 건 아닙니다. 미국 시장에서도 미국 정부의 펀딩을 받을 수 있는 우주 스타트업들이 무수히 많이 출현했다 사라졌습니다. 이렇게 동일한 환경 속에서도 유독 스페이스X라는 기업이 살아남을 수 있었던 배경은 무엇이었을까요? 스타트업 업계에서는 갖고 있는 자금으로 회사를 운영 가능한 시간을 '런웨이runway'라고 부르는데요. 그 뒤에는 런웨이를 늘리기 위한 스페이스X만의 치열한 노력이 숨어있습니다.

❶ MVP부터 만들어 검증하기

앞에서 린 스타트업 이야기를 하며, 스타트업들이 창업 초기에 가장 먼저 해야 할 일이 '문제를 정의하는 것'이라고 말씀드렸었는데요. 일론 머스크는 이러한 실리콘밸리 스타트업식 문제 해결 방법을 우주산업에 적용해왔습니다. 런웨이를 늘리기 위한 노력에 있어서도 이 접근법이 빛을 발합니다.

문제를 찾았으면, 이에 대한 해결책을 구상하고 빠르게 테스트해봐야겠죠. 과연 내 해결책으로 문제를 잘 해결할 수 있을지, 내 해결책에 고객들이 돈을 지불할지를 검증해보는 거죠. 그러려면 일단 문제를 해결하기 위한 최소한의 기능을 갖춘 프로토타입 형태의 제품이 필요합니다.

이러한 프로토타입 제품을 MVP^{Minimum Viable Product}라고 부르는데요. 사업성이 있을지도 모르는 상황에서 처음부터 완벽한 제품을 만들기 위해 힘을 쏟는 게 아니라, 최소한의 기능만 갖춘 제품으로 시장성을 테스트하는 게 목적입니다. 스페이스X 역시 처음에는 MVP를 만드는 데서 시작했습니다.

스페이스X가 현재 보유한 로켓 중 가장 강력한 모델은 팰컨 헤비인데요. 무려 6만 3,800kg의 화물을 지구 저궤도까지 운반할 수 있는 높이 70m의 대형 로켓입니다. 이에 비하면 스페이스X의 첫 시제품 팰컨 1은 작디작은 소형 로켓이었습니다. 팰컨 1은 높이 21m로 팰컨 헤비의 3분의 1 수준에 불과했고, 운반 가능한 화물 역시 팰컨 헤비의 10분의 1 수준인 670kg에 불과했습니다. 그럼에도 불구하고 발사에 세 차례 실패했는데요. 이로 인한 비용 부담으로 스페이스X는 2008년 파산 위기에까지 몰렸다고 합니다. 첫 번째 팰컨 1은 발사한 지 25초 만에 해상에 추락했고, 두 번째와 세 번째 역시 궤도 진입에 실패하고 맙니다.

만약 이 세 로켓이 모두 팰컨 헤비와 같은 대형 로켓이었다면 어땠을까요? 발사 비용을 줄이니 마니 하기 전에, 로켓을 발사할 수 있는 기술조차 갖추지 못한 채 스페이스X는 파산했을 겁니다. 최소한의 기능을 구현한 가장 작은 제품으로 테스트를 진행하는 사업 방식 덕에 스페이스X는 런웨이를 극대화하고 파산을 면할 수 있었습니다.

❷ 정부와의 소송까지 각오한 대담함

자금 확보를 위한 스페이스X의 노력은 여기서 끝나지 않는데요. 혹자는 "미국 정부에서 대놓고 스페이스X를 밀어준 거 아니야?"라고 생각할지도 모릅니다. 사실 미국 정부와 스페이스X는 우리가 상상하는 단순한 후견인과 피후견인의 관계가 아니었습니다.

2004년 나사는 로켓을 우주로 쏘아올리고 그 발사 데이터를 공유하는 조건으로 키슬러 에어로스페이스^{Kistler Aerospace}와 2억 2,700만 달러의 수의계약을 체결합니다. 여기에 일론 머스크는 극렬하게 반발하는데요. 공개경쟁 입찰이 아니라 1대 1 수의계약이었기에 스페이스X가 참여할 수 없었다는 점을 들어, 정부 사업 입찰 프로세스의 불공정성을 지적한 겁니다. 결국 스페이스X는 나사를 상대로 입찰 무효 소송까지 겁니다.

생존을 위한 자금줄이자 가장 큰 사업 파트너인 나사를 상대로 법적 소송을 건다는 게 상상이나 가시나요? 심지어는 이슈를 공론화하기 위해 일론 머스크가 직접 미 상원 위원회에 나가 입찰 과정의 불공정성과 이로 인한 예산 낭비 사례에 대해 의원들 앞에서 강력하게 불만을 제기하기까지 합니다. 일론 머스크의 주변인들은 이러한 공격적인 행보를 말리기까지 했지만, 그는 주저하지 않고 나사를 강하게 비판했다고 하는데요. 결국 미국 회계감사원^{GAO}까지 나서서 나사를 압박하게 됐고, 나사는 키슬러 에어로스페이스와의 수의계약을 철회합니다.

정부 사업 수주는 스페이스X에 있어 단순한 자금 지원이 아닌, 생존을 위한 동아줄이었습니다. 그런 사업의 입찰 과정에 불공정함이 끼어있었다면 당연히 공격적으로 대응하는 게 맞겠죠. 하지만 이런 사실을 우리 모두가 알고 있음에도, 직접 나사에 소송을 거는 행동은 아무나 할 수 있는 게 아닙니다. 이러한 대담하고 적극적인 액션 덕에 정부 사업 입찰 과정이 공정하고 투명해지면서, 스페이스X가 지금까지 생존해올 수 있었던 게 아닐까요? 즉, 스페이스X가 지금껏 수주해온 정부 사업들은 단순한 밀어주기라거나 운이 좋았기 때문이 아니었단 겁니다.

🚗 우주산업을 재편한 스페이스X

스페이스X는 정부 사업 수주 외에도 우주와 관련된 다양한 사업을 전개하면서 우주산업의 포문을 다시 열었다는 평가를 받고 있습니다. 이제부터는 스페이스X가 전개하고 있거나 계획 중인 사업 몇 가지를 소개해보겠습니다.

❶ 저궤도 위성통신망 사업

가장 널리 알려진 대표적인 사업은 바로 위성통신망 사업인 '스타링크'입니다. 재활용을 통해 로켓 발사 비용이 혁신적으로 낮아지면서, 더 많은 인공위성을 저렴한 가격으로 우주 궤도에 띄울 수 있게 됩니다. 이렇게 발사된 인공위성은 기존 통신사들의 통신망이 커버하지 못하는 공간을 메울 수 있습니다.

예를 들면 스타링크의 인공위성은 극지방이나 사막 지역까지 초고속 인터넷을 공급할 수 있습니다. 작은 시골 마을이나 산간 오지까지 초고속 인터넷망이 깔린 한국과 달리, 미국은 국립공원이나 시골 국도만 나가도 통신이 끊기는 경우가 많습니다. 스페이스X가 발사한 인공위성들은 이런 지역들에 단말기와 통신 서비스를 제공하며, 기존 통신사들이 커버하지 못한 영역을 메우게 되는 겁니다. 실제로 얼마 전에는 러시아군의 공격을 받은 우크라이나에 스타링크 서비스를 제공하기도 했는데요. 우크라이나 대통령 볼로디미르 젤렌스키가 직접 일론 머스크와 통화해 감사를 표명하며 화제가 되기도 했습니다.

스타링크가 커버 가능한 공간은 지상뿐만이 아닙니다. 지나치게 비싸고 느렸던 기존의 기내 와이파이를 대신해 항공기 승객 대상의 통신 서비스까지 추진하고 있습니다. 실제로 미국의 대표 항공사라 할 수 있는 델타항공과 시범 사업을 진행하고 전용기 대상 와이파이 서비스까지 공식 출시하면서 주목을 받기도 했습니다.

스페이스X는 점점 더 많은 인공위성을 발사하며 사업을 확대하고 있는데요. 2023년 10월 기준, 스페이스X가 발사한 저궤도 인공위성의 수는 무려 5,000대를 돌파했습니다.[7] 이와 함께 스페이스X는 스타링크 서비스 대상 지역을 점진적으로 넓혀, 최종적으로는 전 세계 모든 지역에 초고속 인터넷을 공급하는 것을 목표로 하고 있습니다.

❷ 우주 관광사업

2022년, 스페이스X의 유인 우주선 크루 드래건^{Crew Dragon}은 민간인 네 명을 태우고 지구궤도를 선회한 후 귀환합니다. 이 우주선에는 최초로 100% 민간인만 탑승하며 화제가 됐는데요. 얼마 전에는 일본의 억만장자 마에자와 유사쿠_{前澤友作}가 스페이스X 우주선을 타고 달 주위를 선회하는 '디어문^{Dear Moon}' 프로젝트를 진행하겠다고 밝혔습니다. 이 프로젝트에는 한국 아이돌 그룹 빅뱅 멤버였던 탑이 참가하는 것으로 알려지면서 관심이 쏠리기도 했죠.

언젠가는 우주 관광이 억만장자들의 전유물이 아닌, 많은 사람들이 즐길 수 있는 여행 코스가 될 수 있을지도 모릅니다. 관광 코스 또한 단순히 몇 분간의 무중력 체험이 아닌 지구궤도와 달, 나아가서는 타 행성으로 확장될 수 있을지도 모르고요.

❸ 여객 운송 사업

우주선을 활용해 지구상의 도시 간 초고속 이동을 가능케 한다는 계획도 있습니다. 한마디로 말하면 기존의 비행기를 더 빠른 속도의 우주선으로 대체하겠다는 건데요. 황당무계하게 들릴 수도 있겠지만, 이는 실제로 스페이스X가 공개한 미래 계획 중 하나입니다. 스페이스X가 공개한 콘셉트 영상에 따르면, 비행기로 15시간 걸리던 뉴욕-상하이 간 이동이 로켓을 이용할 경우 단 40분 만에 가능해질 것이라고 합니다. 만약 정말로 이런 초고속 이동이 가능해진다면, 비행기가 그랬던 것처럼 다시 한번 이동에 있어 인류에 혁명적인 변화가 찾아올 수 있을 겁니다.

물론 이런 계획이 현실화되기 위해서는 비용뿐 아니라 승객들의 안전이나 이착륙 인프라 등 많은 선결 과제들을 해결해야 합니다. 하지만 스페이스X를 통해 SF 영화에서나 꿈꿀 수 있던 일이 한 걸음 더 현실에 가까워질 수 있게 되었음은 부정할 수 없는 사실입니다.

이렇게 우주와 관련된 다양한 기회의 장이 열리면서, 스페이스X의 사업적 가치도 세간의 주목을 받고 있습니다. 블룸버그 통신의 보도에 따르면, 2024년 스페이스X는 150억 달러(한화 약 20조 원)의 매출을 달성할 수 있을 것으로 예상되는데요. 이 중 약 60%에 해당하는 12조 원가량의 매출이 스타링크 사업에서 창출될 것으로 보입니다.[8] 스타링크 사업의 규모는 여기서 더욱더 커질 것으로 전망되고 있습니다. 일론 머스크 본인의 예상이긴 하지만, 서비스가 본격 확대되면서 향후 스타링크 사업만으로 연 300억 달러, 약 40조 원의 매출을 거둘 수 있을 것으로 기대됩니다.[9]

시장도 스페이스X의 이런 잠재적 사업 가치를 인정해주고 있는데요. 2023년 6월, 주식 공개 매수를 진행하며 기업 가치를 무려 1,500억 달러, 약 200조 원으로 평가받습니다.[10] 테슬라와 스페이스X에 조기 투자했던 미국의 유명 투자자 론 배런의 경우 '2030년대에 들어서면 스페이스X가 테슬라보다도 큰 회사로 성장할 수도 있다'고 평가하며 화제가 되기도 했습니다.

🚗 제로 투 원, 가능성을 현실로 만들다

"나는 실패할 거라고 예상하면서 스페이스X 사업을 시작했습니다."

물론 스페이스X의 성공 방정식을 따라 한다고 해서 모두가 성공적인 우주 딥테크 기업이 된다고 보장할 수는 없습니다. 스페이스X와 같은 실리콘밸리식 접근법을 취했지만 어려움에 빠져 이미 도산했거나, 도산 위기에 처한 딥테크 기업들은 셀 수 없이 많으니까요. 일론 머스크 역시 스페이스X 사업을 시작하며, 망할 것을 각오했다고 공개적으로 말하기도 했고요.

지금은 미래가 밝아 보이는 스페이스X지만, 앞으로 몇 년 안에 무슨 일이 일어나 망할지도 모르는 일입니다. 더 저렴한 비용으로

스페이스X가 꿈꾸는 화성 거주 공동체의 모습

로켓을 쏘아올릴 수 있는 경쟁자들이 나타날 수도 있고, 스타링크의 위성 인터넷 사업이 제대로 된 이익을 내지 못할 수도 있습니다. 스페이스X의 기술력 또한, 화성에 인류를 이주시키겠다는 비전을 이루기엔 아직 한참 멀어 보입니다. 목표가 100이라면, 이제 겨우 0에서 1로 발걸음을 뗀 느낌이라고 할까요.

하지만 언젠가 민간 기업을 통해 달로 여행을 떠날 수 있다는 희망을 주고, 소행성에서 니켈을 채굴할 수 있을 거란 가능성을 0에서 1로 바꿨다는 것만으로도 스페이스X는 이미 절반의 성공을 거뒀다고 봅니다.

스페이스X를 시작으로 많은 정부와 기업들이 다시금 우주에 주목하고 있습니다. 중국 정부는 스타링크에 대항할 자체 저궤도 인공위성망을 구축하겠다는 계획을 발표했습니다. 아마존의 설립자 제프 베조스가 만든 블루 오리진Blue Origin 같은 민간 우주 기업들 역시 투자에 박차를 가하고 있습니다. 테슬라가 전기차 시장에서 그러했듯, 스페이스X 역시 우주산업에서 메기 역할을 하며 변화와 혁신을 주도하고 있는 것입니다. 이러한 변화가 어떤 미래를 가져 올지 흥분되고 기다려지지 않을 수 없습니다.

xAI, 더 안전한 AI를
만들 수 있을까?

🚗 일론 머스크가 세운 AI 기업

2022년 말, 전 세계적으로 AI 붐이 시작됩니다. 미국의 오픈
AI OpenAI 에서 출시한 챗GPT라 불리는 AI 챗봇 서비스를 필두로요.
챗GPT는 이전에 개발됐던 여러 AI들과 달리, 일반 소비자들이 직
접 사용할 수 있는 것은 물론이고, 기대보다 훨씬 우수한 성능을 제
공하면서 화제가 됐습니다.

이에 따라 미국의 빅테크 기업인 구글은 바드 Bard, 메타는 라마
LLaMA를 각각 출시하며 AI 개발 주도권을 놓치지 않기 위한 노력을
하고 있습니다. 오픈AI는 또다시 이에 질세라 GPT-4, GPT-4 터
보까지 연이어 출시하며 연일 세간의 이목을 끌고 있고요.

이렇게 AI 개발 경쟁이 점점 가열되고 있는 상황에서, 일론 머스

크는 돌연 자신만의 AI 개발사의 설립을 예고하더니, 2023년 4월 '엑스AI^xAI'라는 이름의 새로운 기업을 설립합니다. 이어서 2023년 11월에는 챗GPT, 바드, 라마에 대항할 자체 AI 서비스인 그록^Grok 을 출시합니다.

이런 모습을 보면, 아마 궁금증이 생기실 것 같습니다. '테슬라가 이미 FSD를 통해 AI를 개발하고 있는데, 굳이 별도의 AI 개발 기업을 세울 필요가 있을까?', '오픈AI나 구글, 메타가 이미 십수 년간 연구해오며 앞서있는 상황에서, xAI가 경쟁력을 가질 수 있을까?' 하는 의문일 텐데요.

일론 머스크가 갑자기 자체적인 AI 기업을 세운 이유는 무엇이고, 과연 xAI가 가진 경쟁력은 무엇인지 한번 이야기해보겠습니다.

🚗 인류를 위협하는 AI?

사실 일론 머스크가 AI 사업에 손을 대기 시작한 것은 최근의 일이 아닙니다. 챗GPT를 만든 오픈AI가 설립될 당시, 일론 머스크는 직접 1억 달러를 투자하며, 오픈AI의 이사진에 참여합니다.

이렇게 거금을 쓰면서까지 오픈AI에 투자한 목적은 다름 아닌 구글을 견제하기 위함이었습니다. 일론 머스크가 CNBC와 진행한 인터뷰 내용에 따르면, 당시 구글은 풍부한 자금과 컴퓨터 장비를 바탕으로 전 세계 AI 인재의 약 4분의 3을 보유하고 있던 AI 업계의 압도적 1위 기업이었습니다. 그런데 정작 구글의 CEO였던 래리 페이지Larry Page는 AI가 초래할 수 있는 위협에 대해 그다지 경각심을 갖고 있지 않았다고 합니다.[11]

일론 머스크는 구글이라는 대기업이 (경각심도 없이) 만든 하나의 거대 AI를 중심으로 세상이 돌아갈 경우 인류에 위협이 될 수 있다고 느낍니다. AI가 자기 마음대로 아무도 모르게 여론을 조작하거나 잘못된 방향으로 대중을 선동한다든지, 자율주행 핸들을 꺾어 운전자를 죽게 한다든지 하는 상황처럼요. 일론 머스크는 AI가 가져올 수 있는 이러한 위해를 잘못 설계된 비행기나 자동차보다도 더 위험하다고 느꼈습니다.

AI가 인간의 통제 영역을 벗어나면서 인류 사회를 위협하는 상황에 대해 일론 머스크는 오래전부터 우려해왔는데요. '수동 운전보다 10배 더 안전한 자율주행 기능을 개발한다'는 테슬라의 두 번째 마스터플랜에서 알 수 있듯, 일론 머스크가 수많은 자본과 인력을 투입해 AI를 개발하는 궁극적인 이유는 인간에게 더 안전하고 이로운 환경을 만들기 위함입니다. 자율주행 AI는 인간을 교통사고로부터 안전하게 지켜야 합니다. 또 공장·가정용 로봇 AI는 위험하거나 지루한 일로부터 인간을 해방시키는 것이 그 존재의 목적입니다. 이런 AI가 개발 의도를 거슬러 인간을 해칠 가능성이 있다면, 당연히 이를 경계하고 예방하고자 각고의 노력을 기울여야 할 것입니다.

일론 머스크가 운영하는 또 하나의 기업인 뇌신경 과학 스타트업 '뉴럴링크Neuralink' 또한 이러한 우려의 연장선에서 설립된 것으로 알려져 있습니다. 인류의 뇌와 기계를 동기화시켜 생각만으로 기계를 조작할 수 있다면, AI를 보다 직접적으로 통제할 수 있게 될 테니까요.

이러한 배경에서 머스크는 구글을 견제하기 위한 제2의 옵션을 만들고자, 오픈AI에 투자하게 됩니다. 그리고 구글이라는 하나의 대기업이 아닌, 더 많은 사람들에 의해 AI가 개발되는 방향을 지향합니다. 하나의 AI가 세상을 지배하는 것이 아니라 여러 AI가 병존한다면, 더 안전한 AI가 개발될 가능성도 높아지고, 이로써 AI가 끼칠 수 있는 위해의 크기도 줄어들 테니까요. 이를 위해 일론 머스크는 오픈AI는 비영리기업으로 운영하고 그 소스 코드는 오픈 소스로 모두에게 공개하는 것을 추진했는데요. 이것이 바로 '오픈AI'라는 사명이 지어진 배경이기도 합니다.

그러나 경영 방식을 둘러싼 내부 갈등으로 인해 일론 머스크는 2018년 오픈AI의 이사진을 탈퇴합니다. 이후 오픈AI는 운영자금 확보를 위해 마이크로소프트로부터 대규모 투자를 받고 초기 설립

의도와는 다르게 영리기업으로 전환하게 됩니다.

🚗 xAI, '진실을 추구하는 AI'를 만들 수 있을까?

일론 머스크가 오픈AI에서 이탈하고 난 뒤, 오픈AI는 챗GPT를 출
시하면서 집중 조명을 받습니다. 오픈AI의 최대 주주인 마이크로
소프트는 '코파일럿^{Copilot}'$^{⊤}$처럼 오픈AI의 AI를 활용한 새로운 유
료 서비스를 만들어냅니다. 이로 인해 주가가 급등하고, 오픈AI 역
시 구글을 넘어서는 업계 선두 업체로 평가되며 수십조 원 규모의
엄청난 기업 가치를 인정받는데요.

일론 머스크는 이러한 상황에 대해 공개적으로 불만을 늘어놓습
니다. 자신이 '안전한 AI'를 만들기 위해 비영리기업으로 설립했던
오픈AI가 이렇게 거대 영리기업으로 전환한 것이 옳지 않다는 겁
니다.

구글을 경계할 목적으로 만든 오픈AI가 제2의 구글이 되어가는
것을 막기 위해, 일론 머스크는 AI 개발을 잠정적으로 중단할 것을

⊤   워드, 파워포인트, 엑셀 등에서 이용할 수 있는 사무 보조 인공지능 서비스로, 초안 작성, 함
수 자동 실행 등의 편의 기능을 제공하는 서비스

요구하는 공동성명까지 발표합니다. 이 성명에는 《사피엔스》로 유명한 역사학자 유발 하라리, 애플의 공동 창업자 스티브 워즈니악 등의 유명 인사들도 동참했는데요. 그 내용인즉슨, AI 개발 경쟁이 과열되면서 그 개발자들조차 예측하기 어려운 통제 불가한 방향으로 AI가 발전하고 있기에, 이를 막기 위해서는 개발을 잠시 중단해야 한다는 것이었습니다.

> "오픈AI는 구글의 대항마 기능을 하기 위해 오픈 소스, 비영리기업으로 만들어졌습니다. (이게 기업 이름을 'Open'AI로 지은 이유입니다.) 하지만 오픈AI는 이제 마이크로소프트에 의해 통제되는 클로즈드(폐쇄형) 소스이자 최대 이윤 추구 기업이 되어버렸습니다."

하지만 당연히 AI 경쟁에 열을 올리던 테크 공룡들이 이런 성명을 귀담아들을 리는 없겠죠. 이에 일론 머스크는 '안전한 AI'를 만들기 위해 구글, 마이크로소프트에 이은 제3의 옵션을 만들고자 나섭니다. 바로 'xAI'라는 이름의 AI 개발 기업을 직접 설립하는 것입니다.

폭스 뉴스FOX News와의 인터뷰 내용에 따르면, xAI의 목표는 일명 'TruthGPT(진실을 추구하는 AI)'를 만드는 것입니다. 일론 머스크의 생각에 따르면, 어떤 일의 진정한 진실을 파악하기 위해서는 거시적인 관점의 인과관계, 즉 세상의 이치에 대해 깊이 이해하고 있어야 합니다. 단순히 하나의 일이 옳고 그름만을 판단하기보다, 더 넓은 시각에서 다양한 사건과 사물 간의 상호작용 관계에 대해 이해해야 한다는 말인데요. 예를 들어, 인류는 언제든 동물을 해칠 수 있지만, 동물의 존재 가치를 이해하기에 그들과 공생을 추구하고 있죠. 마찬가지로 AI도 세상이 돌아가는 이치에 대해 깊이 이해하기만 한다면, 인류를 동일한 관점으로 바라보며 해치지 않을 것이란 게 그의 의견입니다.

🚗 '구글링' 대신 '그록킹'하는 시대가 올까?

xAI가 설립된 지 7개월 만인 2023년 11월, xAI는 오픈AI의 챗 GPT와 같은 AI 챗봇 '그록'을 공개합니다. 그록grok이란 단어는 '깊이 이해한다'는 뜻을 가지고 있는데요. 앞서 이야기한 것과 같이 우주의 원리에 대해 깊이 이해하는 AI를 만들겠다는 의도가 담겨 있는 이름으로 보입니다.

그렇다면 AI 챗봇 그록은 세상의 이치를 어느 정도 깊이 이해하고 있을까요? 일단, 공개된 성능은 상당히 흥미로웠는데요. xAI에서 공식적으로 발표한 바에 따르면, AI의 성능을 테스트하는 주요 벤치마크 테스트에서 챗GPT와 유사하거나 소폭 상회하는 성능을 보여줍니다. 물론 챗GPT를 만든 오픈AI의 최신 제품인 GPT-4와 대비해서는 아직까지 성능이 다소 뒤처져 있는 모습을 보여줬지만, xAI가 그록의 개발에 나선 지 단 4개월 만에 이뤄낸 성과임을 감안한다면 놀라운 결과라 평가할 수 있을 것 같습니다.

그록에는 타 AI 모델들이 갖추지 못한 차별화된 강점들도 있는데요. 먼저, 실시간 데이터를 반영한 답변을 도출할 수 있다는 것입니다. 앞서 대중에 공개된 챗GPT의 경우 2~3년 전의 과거 데이터를 기반으로 학습했기에, 최신 정보에 대한 질문을 던지면 답변하지 못하는 문제가 있었습니다. 하지만 그록은 불과 며칠 전 발생한 사건에 대해 질문을 던지더라도 부족함 없이 답변을 내놓는 모습을 보여줍니다.

또한 유머 센스도 갖추고 있다는 점이 흥미로운데요. 타 AI 모델들이 내놓는 딱딱한 답변과 달리, 그록은 민감한 질문을 던지더라도 유머로 받아치는 것이 가능하다고 합니다. 우리가 상상하는 미래 AI 비서의 모습에 조금 더 가까워졌다고 할까요?

이러한 장점들이 구현 가능한 이유는 근본적으로 그록이 '엑스ˣ (구 트위터)'의 실시간 데이터를 학습했기 때문입니다. 테슬라의 세 가지 마스터플랜에 포함되지 않아 책에서 자세히 다루지는 않았으나, 2022년 일론 머스크는 개인적으로 글로벌 SNS 서비스 트위터를 인수합니다. 그리고 대대적인 경영 개편을 진행하며 서비스명도 '트위터'에서 '엑스'로 바꾸는데요. 엑스에 업로드되는 각종 사건 사고, 트렌드 뉴스와 이에 대한 사용자들의 반응까지 그록이 모두 학습하기에, 이를 바탕으로 최신 정보에 대해 유머러스한 답변을 내놓을 수 있는 것으로 보입니다. 물론 일론 머스크가 AI 학습데이터 확보라는 큰 그림을 그리고 트위터를 인수한 것인지는 분명하지 않습니다. 하지만 결과적으로 트위터 인수가 AI 사업과의분명한 시너지를 만들어내는 모습은 굉장히 흥미롭게 다가옵니다.

일론 머스크는 그록을 계속 고도화해 AI 업계의 구글로 만들겠다는 야심을 드러내는데요. 구글이 검색 포털의 압도적 강자로 올라서면서, '구글링googling 하다'는 단어는 '검색하다'의 대체어로까지 사용되고 있습니다. 이와 마찬가지로 '그록킹하다'가 'AI를 활용하다'의 대체어로 사용되는 날을 만들겠다는 것이 일론 머스크와 xAI의 목표인 겁니다.

🚗 2029년, 일론 머스크가 만든 AGI가 온다

xAI가 만든 그록은 단순히 챗GPT와 같은 챗봇 서비스 형태에만 머물지는 않을 겁니다. 일론 머스크는 2029년까지 xAI에서

AGI(실생활에서 여러 가지 다양한 문제를 인간처럼 해결할 수 있는 범용 인공지능)를 완성해내겠다고 밝히는데요. 쉽게 말해 영화 〈아이언맨〉 시리즈에 나오는 자비스나 〈터미네이터〉 시리즈에 나오는 스카이넷을 예로 들 수 있을 것 같은데요. 이렇게 영화에서나 나오는 초지능 AI가 오래 지나지 않아 금방 우리 현실로 다가오는 겁니다.

2029년, 이렇게 개발된 일론 머스크의 초지능 AI는 테슬라봇과 자동차에 탑재돼 우리의 모든 일상생활을 보조하게 될지도 모르겠습니다. 아침에 집에서 나오면 AI가 테슬라 자동차를 내가 원하는 조건에 맞춰 미리 세팅해두고, 오늘 일정에 대해 브리핑을 해줍니다. 깜빡한 집안일이 있다면 자동차에서 AI에 명령을 내리고, 이를 집 안에 있는 테슬라봇이 전달받아 처리합니다. 회사에 도착해서도 복잡한 리서치가 필요한 업무가 있다면 그록의 챗봇에게 요청해 3초 만에 원하는 답을 받아냅니다. 이렇게 가정부터 직장, 그리고 이동하는 길까지 모든 과정에서 끊김 없이 AI의 도움을 받게 되는 시대가 오는 겁니다.

물론 이렇게 AI 업계를 선도하며 우리의 일상 곳곳에 파고들 AGI가 xAI의 그록이 아닐 가능성도 있습니다. 혹은 그록과 함께 오픈AI의 GPT, 구글의 바드 등 여러 테크 공룡들이 만든 AGI들이 양립하는 시대가 올 수도 있겠죠. 하지만 어찌 됐든 하나가 아닌 여러 개의 AGI가 동시에 병존하는 시대가 온다면 리스크 분산이 가능해질 것입니다. 일론 머스크의 생각처럼, 단 하나의 AI가 전 세계 시장을 점령한 뒤 폭주하며 인간에 막대한 피해를 주는 상황을 막을 수 있겠고요. FSD의 개발 의도와 마찬가지로, 인류를 더 안전하게 만드는 데 AI가 기여할 수 있다는 겁니다.

2029년이면 일론 머스크가 새로운 AGI를 선보이게 될까요? 그리고 정말 더 안전한 AI를 만들 수 있을까요? FSD와 함께 xAI가 만들 안전한 초지능 AI의 실현도 기대해보게 됩니다.

Boring 컴퍼니의
Not Boring한 계획

교통 체증의 해결법, 왜 터널일까?

더 보링 컴퍼니TBC, The Boring Company는 일론 머스크가 2016년 설립한 또 다른 기업인데요. '땅을 뚫는다'는 뜻의 단어 'Bore'를 활용한 직관적인 이름에서 알 수 있듯, 더 보링 컴퍼니는 굴착을 통해터널을 만드는 회사입니다. 땅 위를 달리는 자동차를 만드는 테슬라나 하늘로 날아가는 로켓을 만드는 스페이스X와 달리, 눈에 보이지 않는 지하에서 작업을 벌이기에 자연히 대중들의 주목도 덜받은 게 아닌가 싶습니다. 실제 사업 성과 역시 테슬라나 스페이스X에 비하면 그리 도드라지지 못해, 일론 머스크가 단순히 취미로운영하는 사업이라고 생각했던 분들도 있었을 겁니다.

이번에는 더 보링 컴퍼니가 어떤 계획을 가지고 어떤 사업을 진

행하고 있는지에 대해, 공식 발표 자료를 기반으로 간단히 소개해

보려 합니다.

"교통 체증은 나를 미치게 합니다. 터널을 파는 기계를 만들어 굴착을

시작할 겁니다."

더 보링 컴퍼니의 창업 동기는 일론 머스크 본인이 LA 출퇴근길

에 겪은 살인적인 교통 체증 때문이었다고 합니다. LA는 세계에서

길이 가장 막히는 도시 중 하나입니다. 2020년 교통 분석 기관 인

릭스Inrix가 진행한 조사에 따르면, LA 도심의 통근자들은 1년에 평

균 45시간을 교통 체증으로 낭비한다고 하는데요.[12] 일론 머스크

의 표현을 빌리자면, 이런 교통 체증은 '영혼을 파괴하는' 고통스러

운 문제입니다.

일론 머스크는 교통 체증의 근본적인 원인이 도시 설계의 '차원'

에 있다고 말합니다. 사람들은 삼차원(가로·세로·높이) 형태의 고층

빌딩에 모여 일하지만, 출퇴근을 위해 그들이 이동하는 도로는 이

차원(가로·세로)으로 되어있습니다. 쉽게 말해, 높이 쌓아 올린 고층

빌딩은 많은 사람을 수용하는 데 제약이 없지만, 도로는 층이 없기

때문에 수용량에 한계가 있다는 겁니다. 따라서 도로가 수용할 수

있는 양보다 많은 수의 인구가 특정 시간에 몰리면, 필연적으로 교

출처 더 보링 컴퍼니

일론 머스크는 지하 터널을
통해 지상의 교통 체증 문제
를 해결하고자 합니다.

통 혼잡이 발생할 수밖에 없습니다.

이 같은 교통 체증을 해결하기 위한 대안으로 최근 떠오른 게 이
른바 UAM Urban Air Mobility (도심항공교통)이죠. 수십 년 전 어린이들이
그림으로 그렸던 미래의 모습처럼, 날아다니는 비행체가 사람들을
빠르게 실어 나르는 미래 교통수단이 될 거라고 말하는 사람이 많
습니다. 실제로 이런 예측에 발맞춰 현대차 같은 회사는 일찍부터
UAM 사업을 준비하고 있기도 하고요.

하지만 이러한 비행체는 결코 좋은 해결책이 될 수 없습니다. 도
로 위의 자동차처럼 많은 헬리콥터가 우리 머리 위를 날아다닌다
고 상상해보세요. 일단 엄청나게 시끄러울 겁니다. 비행체들의 날
개가 일으키는 바람과 먼지도 무시하지 못할 겁니다. 또 가까운 머
리 위로 뭔가가 날아다닌다는 것에서 안전에 불안함을 느끼는 사

람도 있겠죠.

이런 문제점들 때문에, 일론 머스크가 대안으로 제시한 해결책이 바로 '터널'입니다. 더 보링 컴퍼니의 공식 발표 행사장에서, 일론 머스크는 교통 체증 해결책으로서 터널의 장점은 무수히 많다고 설명합니다.

첫째, 확장이 용이합니다. 지하라는 특성상 터널은 확장에 따른 물리적 제약이 적습니다. 수평 방향으로 터널 옆에 또 다른 터널을 추가하는 것도 가능하고, 터널 위에 터널을 뚫어 사용하는 수직 확장도 가능합니다. 앞서 언급한 삼차원 도시 설계에 맞는 삼차원 교통 시스템이라는 말입니다.

둘째, 날씨의 영향을 받지 않습니다. 지상 도로와 달리, 토네이도가 불든 눈보라가 치든 지하 통행에는 문제가 생기지 않습니다. 심지어 지진이 발생해도 지상 건축물보다 구조적으로 훨씬 안전하다고 합니다.

셋째, 사람들의 일상에 피해를 덜 주며 공사가 조용히 진행될 수 있습니다. 굴착 공사는 사람들이 알아차리지 못하는 사이에 매우 조용하게 진행됩니다. 땅이 가진 진동과 소음을 흡수하는 능력이 매우 우수하기 때문인데요. 소음과 통행 불편을 초래하는 도로 공사와 달리, 터널 공사는 지상에서 인지하지 못할 정도로 훨씬 더 조용하게 진행할 수 있습니다.

넷째, 기존의 도시 구조를 해치지 않습니다. 지상 도로 확장과 달리, 터널은 기존 도시 구조에 변형을 가져오지 않습니다. 터널을 뚫는다고 해서 기존 도로를 막는다거나 건축물을 해체할 일이 없다는 말입니다. 오히려 터널을 뚫어 기존의 지상 도로를 대체할 수 있다면, 도로를 해체하고 지상 공간의 활용도를 넓힐 수도 있겠죠.

어떻게 터널을 대중화할 수 있을까?

이처럼 무수한 장점에도 불구하고, 이제껏 터널이 전도유망한 미래 대안으로 주목받지 못한 이유는 무엇일까요? 더 보링 컴퍼니에서 발표한 내용에 따르면 크게 두 가지 문제가 있습니다.

첫째, 굴착 속도가 너무 느립니다. 달팽이는 1초에 약 1cm 남짓 움직이는데요. 터널 굴착 속도는 이 달팽이보다도 느리다고 합니다. 그냥 느린 게 아니라 약 14배나 느리다고 하니, 얼마나 느리고 답답한지 감이 오시나요?

둘째, 굴착 비용도 너무 비쌉니다. 미국에서 1마일, 약 1.6km의 터널을 뚫기 위해서는 최대 10억 달러(한화 약 1조 3,000억 원)에 달하는 비용이 든다고 합니다. 고작 1km를 뚫는 데 조 단위의 비용이 지출된다면, 이를 쉽게 감당할 수 있을 정부와 기업이 얼마나 될까요?

이런 문제들을 해결하고 터널을 이용한 미래 교통 시스템을 구축하는 것이, 더 보링 컴퍼니의 비전인데요. 사실 목표는 굉장히 단순합니다. 달팽이보다 빠른 속도로 터널을 굴착하는 것이죠. 적어도 달팽이보다 빠르고 저렴한 굴을 파야 터널이 미래 교통 시스템으로 대중화될 수 있을 거라고 보기 때문입니다. 이를 위해 더 보링 컴퍼니는 다양한 해결책을 제시하면서, 기존 터널 굴착 과정에서 발생했던 여러 비효율을 극복하고자 도전하고 있는데요.

먼저, 굴착 속도의 문제입니다. 더 보링 컴퍼니는 굴착 속도를 높이기 위해 굴착기의 가동 가능 시간을 극대화하려는 시도를 합니다. 생각 외로, 터널 굴착 공사를 진행하는 동안 굴착기를 가동할 수 있는 시간은 길지 않습니다. 터널을 뚫는 데는 터널 보링 머신 TBM, Tunnel Boring Machine 이라는 거대한 장비를 사용하는데요. 터널 굴착 공사를 한 시간 동안 진행한다고 하면, 이제껏 이 TBM이 실제로 구멍을 뚫는 시간은 그중 10분 남짓이었다고 합니다. 굴착 전후로 필요한 작업에 드는 시간이 그만큼 길었기 때문인데요.

지금까지 굴착 작업을 시작하기 위해서는 사전에 '터널을 위한 터널'을 뚫어야 했습니다. 터널이 시작되는 지하 지점에 굴착기를 설치하기 위해, 수직으로 깊은 터널을 만들었던 겁니다. 이 수직 터널을 만드는 과정을 생략한다면, 많은 시간을 단축할 수 있겠죠. 해수면에서 숨을 들이마시고 잠수한 뒤 다시 수면으로 올라오는 돌

고래처럼, 더 보링 컴퍼니의 굴착기는 지표면에서 굴착을 시작합니다. 터널을 위한 터널 굴착을 생략해, 더 효율적으로 빠르게 작업을 진행하려는 겁니다.

한편, 터널을 굴착하고 나면 뚫은 공간이 무너지지 않도록 보강재를 세우고 토사와 장비를 운반하는 사후 작업이 필요한데요. 더 보링 컴퍼니는 이 사후 작업으로 인한 낭비 시간을 최소화하기 위해, 굴착과 동시에 보강재를 설치하는 기술을 사용합니다. 또 토사나 장비를 나르는 작업까지 효율화할 수 있는 방안을 강구해서, 굴착기의 가동 시간을 극대화하려 하는데요. 50분간의 비굴착 시간을 10분으로 줄이기만 해도, 굴착 공사 속도가 다섯 배는 오를 수 있다는 게 일론 머스크의 계산입니다.

물론 당연히 굴착기의 성능을 개선하는 것도 필요하겠죠. 더 보링 컴퍼니는 지하의 암반을 깎아내는 부품인 커터cutter를 더 효율적인 형태로 개량하고자 시도합니다. 또 굴착기의 출력도 기존 장비의 세 배로 높이겠다고 하는데요. 지하 암반을 최대한 빠르게 잘 깎아내기 위해, 보다 날카롭고 빠른 속도의 드릴 장비를 만들어내려는 겁니다.

둘째로, 굴착 비용의 문제입니다. 그 해결책으로 먼저 일론 머스크가 거느린 회사들이 가장 잘하는 수직 계열화를 추진합니다. 배터리부터 충전기까지 모두 직접 만드는 테슬라처럼, 더 보링 컴퍼니도 굴착기, 운송 차량부터 보강 구조물까지 모두 직접 개발해 비용을 줄이는 것을 목표로 합니다. 그뿐만 아니라 굴착 과정에서 파낸 토사를 재활용하기도 하는데요. 공사 현장 즉석에서 콘크리트로 만들어 터널 보강재로 활용하기도 하고, 벽돌로 만들어 일반 소비자에 저렴한 가격으로 판매할 계획까지 세웁니다.

다음으로, 터널 크기를 줄이고 표준화하는 겁니다. 작은 터널은 당연히 시공 비용도 덜 들겠죠. 더 보링 컴퍼니가 만든 터널은 무조건 1차선입니다. 기존 터널의 크기를 30~60% 줄이고 동일하게 표준화해서, 하나의 굴착 기계로 여러 터널을 팔 수 있게 만든 겁니다. 이런 이유로 더 보링 컴퍼니의 터널은 우리가 일반적으로 알고 있는 2차선, 4차선 터널과 달리 '도로'보다 '통로'의 느낌이 강합니다.

마지막으로 굴착기를 전동화하는 것입니다. 디젤 연료로 움직이던 기존 굴착기와 달리, 더 보링 컴퍼니가 개발하려는 굴착기는 배터리와 모터로 움직입니다. 그래서 디젤 굴착기와 달리 산소를 흡수하거나 유해가스를 방출하지 않습니다. 자연스럽게 환기 시설도 필요 없어져, 터널 구조가 단순해지고 비용도 줄일 수 있게 됩니다.

더 보링 컴퍼니가 만드는 터널은 단순히 땅에 구멍을 뚫고 차가 다니게 하는 것으로 끝나지 않습니다. 기존의 일반적인 터널에서 한 걸음 나아간, 이른바 '루프^{Loop}'라고 하는 고속 이동 시스템을 만드는 걸 목표로 하는데요. 루프는 자율주행 전기차들이 시속 240km로 달릴 수 있는 초고속 이동 시스템입니다. 자율주행이 가능한 테슬라 자동차들이 루프에 진입하면, 바퀴에 보조 장치를 장착하고 터널을 빠른 속도로 달리는 겁니다. 이렇게 해서, LA 공항부터 시

루프로 운행되는 12인승 밴의 모형도

내까지 기존이라면 운전으로 한 시간이나 걸리던 길도 단 8분 만에 주파할 수 있도록 만드는 것이 목표라고 발표합니다.

더 보링 컴퍼니는 이 루프를 한 단계 더 발전시켜 최종 진화형인 '하이퍼루프Hyperloop'를 만드는 것을 계획하고 있습니다. 루프가 한 도시 내에서의 단거리 구간 이동을 목표로 한다면, 하이퍼루프는 멀리 떨어진 도시 간의 장거리 이동을 목표로 하는데요. 무려 시속 1,000km가 넘는 속도로 달릴 수 있는 진공 터널을 구상하고 있다고 합니다. 하이퍼루프가 구축된다면, LA에서 샌프란시스코까지 기존에 운전으로 6시간, 비행기로 1시간 30분이 걸리던 거리를 무려 30분 만에 이동할 수 있다고 하는데요. 그야말로 이동 수단의 끝판왕이 되지 않을까 싶습니다.

지구에서 화성까지, 일론 머스크가 그리는 큰 그림

일론 머스크가 단순히 캘리포니아 출근길의 교통 체증이 짜증 난다는 이유 하나만으로 터널 사업을 시작한 건 아닐 겁니다. 그 뒤에는 훨씬 더 큰 그림들이 숨어있는데요.

사람들은 인간 대신 컴퓨터가 운전을 하면 끼어들기나 급정거 같은 험한 운전이 사라지면서 교통 체증이 완화될 것이라 말하니다. 자율주행 기술의 상용화로 인간이 운전할 때 발생하는 비효율이 줄어들 것이란 예상에는 다들 어느 정도 동의할 텐데요.

하지만 자율주행 기술과 함께 일론 머스크가 말하는 로보택시 서비스가 상용화된다면, 교통 체증은 훨씬 심해질 겁니다. 앞서 이야기했듯 로보택시 서비스는 1마일당 0.18달러, 즉 우버 가격의 10분의 1 수준의 파격적인 금액을 목표로 하고 있습니다. 물론 운전사에 드는 인건비가 없기 때문에 가능한 가격이겠죠. 이는 버스나 지하철 같은 대중교통과 비교해도 비슷하거나 더 저렴한 가격일 겁니다. 택시 요금이 이렇게 저렴해진다면, 굳이 모르는 사람들과 살을 부대껴가며 대중교통을 이용할 사람이 얼마나 될까요? 아마 기존 대중교통 수요의 상당 부분이 로보택시로 옮겨갈 겁니다. 자율주행이 상용화되면, 대중교통의 분담 기능이 저하되면서 더 많은 자동차들이 도로로 나올 테고요. 따라서 차선을 대폭 늘리거나 하지 않는 이상, 도로 정체가 심해질 게 뻔하고, 이런 문제에 대한 해결책이 필요해질 것입니다. 일론 머스크가 여기까지 염두에 두고 2016년 일찌감치 더 보링 컴퍼니 사업을 시작했다는 게 놀라울 따름입니다.

물론 더 보링 컴퍼니의 기술은 아직까지 많이 부족합니다. 실제로 최근 완공된 라스베이거스 컨벤션 센터LVCC 지하의 1.7마일 길이의 루프는 실제 주행 가능 속도가 시속 60km에 불과했는데요.

계획만 거창했을 뿐 새로운 걸 보여주지 못했다는 비판을 받기도 했습니다.

하지만, 일론 머스크가 더 보링 컴퍼니에 쏟는 시간은 전체 업무 시간의 2~3% 남짓 수준이라고 합니다. 일주일에 100시간을 일한 다고 하면, 그중 고작 두세 시간을 쓰는 겁니다. 이 정도면 일이라기보다 취미라고 부르는 게 더 적합하지 않을까 싶은데요. 그렇기 때문에 더 보링 컴퍼니에는 아직 발전의 여지가 많다고도 볼 수도 있습니다. 만약 일론 머스크가 진지하게 많은 시간을 쓰면서 매달린 다면 언젠가 더 보링 컴퍼니도 테슬라, 스페이스X처럼 고속 성장을 이루며 주목받는 날이 올 수 있지 않을까요?

5년 뒤, 테슬라는
AI·에너지 기업이 된다

 ## 캐즘을 넘으면, 경쟁이 기다리고 있다

지금부터 5년 뒤, 테슬라는 어떤 모습의 기업이 될까요?

5년 전 과거로 돌아가도 현재 테슬라의 모습을 예측하기 어려운 것과 같이, 5년 뒤 미래를 예측하기도 쉽지 않을 것 같습니다. 언제나 그랬듯 테슬라의 성장에 걸림돌이 될 여러 리스크 요소들이 상존해있기에 더욱 예측이 어려운데요. 이 책의 '시작하는 글'에서 전기차 시장의 '캐즘' 이야기를 했었죠. 앞으로 테슬라가 더 큰 성장을 위해 넘어야 할 장애물은 캐즘뿐만이 아닙니다. 캐즘을 넘으면, 그 뒤에는 전기차 시장의 왕좌를 차지하기 위한 치열한 경쟁이 기다리고 있을 것입니다.

먼저, 중국 전기차 기업들이 있습니다. BYD를 필두로 한 중국 전기차 제조사들은 어마무시한 원가 경쟁력을 무기로 테슬라를 위협하고 있습니다. 테슬라를 비롯한 여타 국가의 전기차 제조사들은 2만 달러 대의 저가 전기차를 아직 개발 중이거나 이제 막 출시하고 있는데요. BYD는 2024년 이미 1만 달러짜리 전기차를 시장에 내놓았습니다. 물론 그 성능과 품질까지 꼼꼼히 따져봐야 하겠지만, 1만 달러라는 가격표는 타 전기차는 물론이고 내연기관차 소비자까지 한번쯤 혹하지 않을 수 없는 파격적인 수준입니다.

중국 전기차 업체들의 공격적인 가격 경쟁력을 두고, 일론 머스크 역시 "관세 장벽이 없다면 중국 업체들이 경쟁사들을 무너뜨릴 것"이라며 경계하는 발언을 내놓았는데요. 실제로 글로벌 전기차 시장에서는 중국 전기차 업체들의 공습이 이미 시작됐습니다. 특히 가격 민감도가 높은 동남아 시장의 경우, 2023년 중국 기업들의 시장 점유율이 태국 75.5%, 말레이시아 44%, 인도네시아 41.6%로 이미 과반에 가까운 수준까지 올라섰습니다.[1] 미국과 유럽은 이러한 사태를 막고 자국 산업을 보호하기 위해, 중국 전기차에 대한 추가 수입 관세를 앞다투어 도입하고 있습니다. 이렇게 중국 전기차 업체들은 저렴한 가격을 무기로 테슬라에 점점 더 위협적인 존재로 성장해나갈 것입니다.

다음으로, 미국과 유럽의 전통 자동차 제조사 또한 결코 무시할 수 없습니다. 미국의 GM, 유럽의 폭스바겐, 그리고 한국의 현대차·기아와 같은 대표적 내연기관차 제조사들 역시, 전기차에 대한 투자를 아끼지 않고 있습니다. 이들은 합작 공장 설립, 자회사 생산 등 배터리 생산을 내재화하며 공급망 경쟁력을 높여나가고 있습니다. 또한 테슬라가 일찍이 구현한 SDV를 뒤따라 완성하기 위해 소프트웨어 인력을 대거 투입하고, 전기차 라인업 다양화에도 열을 올리고 있습니다. 테슬라와 동일한 미국 국적 기업인 GM의 경우, 테슬라에서 구조조정된 인력을 흡수하려는 시도까지 하면서 경쟁력 확보를 위해 수단과 방법을 가리지 않는 적극적인 모습을 보이고 있습니다. 비록 테슬라에 비해 아직 많은 면에서 뒤쳐져 있다고는 하나, 결코 무시할 수만은 없는 경쟁자들입니다.

뿐만 아니라, 이러한 각국 자동차 업체들의 배후에는 정부라는 든든한 지원군까지 있습니다. 자동차 산업은 제조업 내에서도 고용 창출 효과가 가장 큰 산업 중 하나입니다. 2019년 한국은행 발표 통계에 따르면, 반도체는 1.77, 배터리는 3.54, 디스플레이는 2.58 수준의 고용유발계수를 나타냈는데요. 자동차의 경우, 무려 6.24라는 압도적으로 높은 수치를 기록합니다.[2] 여기에 부품, 원자재, 보험, 주유 등 연관 전후방 산업까지 감안하면 고용 창출 효과는 더욱 클 것으로 예상되고요. 자동차 산업이 한 국가와 도시에서 갖는 경제적 영향력은 타 산업에 비견하기 어려울 정도로 어마어마하다고 할 수 있습니다. 때문에 각국 정부들은, 테슬라라는 외국 기업이 자국 자동차 기업을 무너뜨리는 모습을 순순히 보고만 있지는 않을 것입니다. 자국 기업에는 각종 지원과 혜택을 몰아주고 테슬라에는 규제와 감시를 늘려 방해한다고 하더라도 전혀 이상한 일이 아닐 것입니다.

이렇게 만만치 않은 경쟁 환경 속에서, 테슬라는 2030년 2,000만 대 판매라는 목표를 달성할 수 있을까요?

🚗 테슬라는 'AI 기업'이자 '에너지 기업'이다

일론 머스크는 이런 전기차 경쟁사들과의 비교 자체를 거부합니다. 테슬라는 일찍부터 '자동차 기업'이 아닌, 'AI 기업'이자 '에너지 기업'임을 표방했는데요. 비록 현재는 전기차 판매가 주 먹거리지만, 향후 미래에는 자율주행 AI 소프트웨어와 재생에너지 사업을 전기차에 준하는 핵심 사업 포트폴리오로 가져가겠다는 것입니다.

이것이 바로 테슬라가 앞서 말한 경쟁자들과 본질적인 차별화를 꾀하는 방법이라 할 수 있을 것입니다. 앞서 본문에서 경쟁력 높은 AI를 구현하기 위해서는 대규모 AI 모델과 이를 훈련시키기 위한 많은 양의 데이터와 컴퓨팅 파워가 필요하다는 이야기를 했습니다. 테슬라는 이 모든 요소에 있어 타의 추종을 불허하는 높은 경쟁력을 갖추고 있고요. 전통 자동차 제조사들은 따라하기는커녕, 제대로 이해하기조차 힘든 영역입니다. 때문에 AI 기업으로서 테슬라의 경쟁사는 BYD나 GM, 폭스바겐과 같은 자동차 제조사가 아닙니다. 오히려 구글과 마이크로소프트, 혹은 메타와 같은 테크 자이언트와 비교하는 것이 타당할 것입니다.

에너지 또한 마찬가지입니다. 화석연료로 만든 전기로 운행하는 전기 자동차는 반쪽짜리 친환경 자동차에 불과합니다. 하지만 대부분의 자동차 제조사들은 전기차에 주입되는 전기의 생산방식까지 신경 쓸 겨를이 없습니다. 테슬라는 전기차에서와 마찬가지로 단순히 에너지 저장장치 하드웨어를 판매하는 것을 넘어, 이를 활용한 AI 기반 전력 차익거래까지 시도하고 있습니다. 자동차 제조사들은 아직 이러한 영역까지는 관심이 없는 것처럼 보이고요. 자동차 제조사가 아닌 에너지 사업 경쟁자들 역시 에너지 저장장치 하드웨어 판매에는 힘을 쏟고 있으나, 테슬라의 AI 소프트웨어 경쟁력은 따라오지 못하고 있는 것으로 보입니다.

테슬라가 자동차 OEM들과 비교되며 많은 사람들에게 자동차 기업으로 인식되는 이유는 아직까지 전기차 사업 매출 의존도가 높기 때문입니다. 전통적인 자동차 업체들의 비즈니스 모델은 자동차 판매를 통해 일회성 매출을 올리는 것이었습니다. 지금까지의 테슬라 역시 이러한 일회성 판매 수입에 의존해왔고요. 하지만 앞서 본문에서 이야기한 것처럼 테슬라는 이미 AI로 돈을 벌기 위한 파이프라인을 모두 구축해놓은 상황입니다. 자율주행 FSD와 전력 차익거래 소프트웨어 오토비더는 이미 소비자향 판매를 통해 매출이 발생하고 있습니다. 또한 로보택시는 상용화를 목전에 두고 있습니다.

이러한 AI 사업 파이프라인들이 본격 가동되고 고도화되면서, 테슬라의 핵심 비즈니스 모델 역시 끊임없이 진화해나갈 것으로 예상합니다. AI 사업과 에너지 사업이 성장함에 따라 소프트웨어 서비스를 제공하고 이에 따라 주기적으로 요금을 수취하는 지속성 서비스 수입의 비중이 점점 커질 것입니다. 구글과 마이크로소프트 같은 소프트웨어 기업들이 돈을 버는 방식처럼 말이죠.

🚗 테슬라는 애플이 될 수 있을까?

이러한 비즈니스 모델의 진화는 한 기업을 떠올리게 합니다. 바로 우리 모두가 익히 잘 아는 '애플'입니다.

2010년대 중반까지만 해도 애플 역시 아이폰과 아이패드, 맥 등 하드웨어 기기 판매가 핵심 사업이었습니다. 실제로 2015년 기준,

애플의 전체 매출 중 애플 페이, 앱 스토어, 아이튠즈 등을 포함한 '서비스 사업'이 차지하는 비중은 불과 9% 남짓이었는데요. 이후 빠르게 성장하며, 8년 뒤인 2023년에는 전체 매출의 22% 수준까지 늘어납니다.[3] 금액으로는 무려 100조 원이 넘는 규모입니다. 이는 어도비Adobe, 오라클Oracle, 세일즈포스Sales Force 같은 미국의 내로라하는 거대 소프트웨어 기업들의 매출을 능가하는 수준입니다. 애플을 하나의 소프트웨어 기업으로 분류하더라도 별로 어색하지 않을 정도죠.

단순히 매출 규모만 큰 것도 아닙니다. 애플 서비스 사업의 영업이익률은 무려 50%를 초과할 것으로 추정되고 있는데요. 사실 웬만한 제조업 기업의 영업이익률은 10%를 넘기가 쉽지 않습니다. 글로벌 선도 업체인 애플의 하드웨어 사업 역시 20%대 영업이익률을 기록하고 있음을 감안하면, 50%라는 수치는 놀랍지 않을 수 없는데요. 이렇게 이익률 자체가 어마어마하기에, 애플 전체 영업이익에서 서비스 사업이 차지하는 비중 또한 3분의 1을 넘어섰을 것으로 보입니다. 스마트폰을 비롯한 IT 하드웨어 기기 시장의 성장이 정체되어가고 있지만, 애플은 소프트웨어에서 그 돌파구를 찾은 것입니다.

뿐만 아니라, 애플이 제공하는 소프트웨어 서비스를 이용하는 소비자들은 애플 생태계를 쉽사리 떠나지 못하게 됩니다. 타 브랜드의 스마트폰으로 교체하면 기존에 아이폰에서 이용하던 결제, OTT, 음악 감상 등 다양한 서비스를 이용하지 못하게 되죠. 애플 서비스 사업이 성장할수록 더 많은 소비자들을 애플 하드웨어 사업의 고객으로 붙잡아 둘 수 있게 되고, 이들은 다시 더 많은 애플 서비스를 이용하게 되는 선순환이 발생하게 됩니다.

테슬라가 지향하는 사업 구조 역시 이와 크게 다르지 않습니다. 지난 2023년 기준 테슬라 전사 매출에서 서비스 및 기타 매출이 차지하는 비중은 약 10% 수준에 지나지 않습니다.[4] 하지만 향후 5년간 FSD와 로보택시, 오토비더와 같은 AI 기반 서비스들이 점점 더 고도화되고 더 넓은 시장으로 침투하면서, 테슬라 역시 애플처럼 AI 서비스에서 많은 수익을 창출할 수 있게 될 것입니다.

테슬라가 판매하는 전기차와 에너지 저장장치, 태양광 패널과 같은 하드웨어가 단순히 매출 창출 수단으로만 머무르지 않고, AI 사업의 성장을 견인할 것입니다. 더 많은 하드웨어를 판매할수록 더 많은 데이터를 수집할 수 있게 되고, 이를 바탕으로 AI의 성능은 경쟁자가 따라오지 못할 수준으로 더욱더 고도화될 것이기 때문입니다. 이는 다시 소비자가 AI 서비스를 이용하기 위해 테슬라 하드웨어를 구매하는 유인이 되면서, 애플 생태계와 같은 선순환이 작동될 것입니다.

지난 2024년 6월 진행된 주주총회에서, 일론 머스크는 테슬라

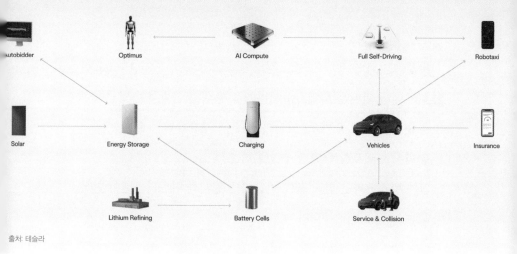

Autobidder   Optimus   AI Compute   Full Self-Driving   Robotaxi

Solar   Energy Storage   Charging   Vehicles   Insurance

Lithium Refining   Battery Cells   Service & Collision

출처: 테슬라

일론 머스크가 공개한 테슬라 생태계의 모습

가 꿈꾸는 생태계의 청사진을 공개했습니다. 배터리부터 충전소, 자동차, 로봇까지 테슬라가 추진 중인 모든 사업을 하나의 그림으로 담아냈는데요. 여기서 자동차와 에너지 저장장치는 전체 생태계의 중심이 되는 양대 구심점 역할을 수행하게 됩니다. 그리고 이러한 하드웨어를 플랫폼으로 삼아 테슬라는 로보택시, FSD, 오토비더, 보험 등 다양한 서비스를 제공하고자 하고요.

물론 이 또한 아직까지는 현실화 진행 중에 있는 계획일 뿐입니다. 100% 성공할 것이라고 장담할 수 없으며, 성공하기까지 크고 작은 많은 난관들이 기다리고 있습니다. 그럼에도 불구하고 테슬라가 과연 어떤 길을 가게 될지 무척이나 설레고 기다려지는 것이 사실입니다.

마치는 글

테슬라는 과연 캐즘을 넘고 경쟁자들을 압도할 수 있을까요? 단순 하드웨어 판매를 넘어, AI 서비스를 통해 천문학적인 영업이익을 창출해낼 수 있을까요? 나아가, 테슬라 생태계라는 원대한 계획을 완벽히 현실로 만들어낼 수 있을까요?

일론 머스크라는 한 인물이 만들어낸 원대한 마스터플랜이 현실이 되는 날을 기대해봅니다.

주

PART 1. 일론 머스크는 다 계획이 있었다

1 Elon Musk Hails Tesla Reaching Goal Of 5,000 Model 3s A Week / NPR, 2018.07.02.

2 J.D. Power rates Tesla electric vehicles as lowest quality auto brand in 2020 study / USA Today, 2020.06.24.

3 Build fast, fix later: speed hurts quality at Tesla, some workers say / Reuters, 2017.11.29.

4 Tesla's 2022 Deliveries Nearly Match Its 2012-2020 Total / Statista, 2023.01.03.

5 GM to go all-electric by 2035, phase out gas and diesel engines / CNBC, 2021.01.29.

6 Volkswagen will go all-electric in Europe by 2035, US to follow shortly after / CNET, 2021.06.28.

7 현대차, 2040년 핵심시장서 100% 전기차 전환⋯폐배터리 활용도 확대 / 아주경제, 2021.07.06.

8 송한호·최원재·유은지·설은수·김명수, 〈국내 전기자동차의 전과정 온실가스 배출량 분석〉, 《2016 한국자동차공학회 춘계학술대회》, 한국자동차공학회, 2016.

9 Renewables 2021 / IEA, 2021.12.

10 중국 2030년 탄소배출 정점까지 '액션플랜' 발표 / 연합뉴스, 2021.10.26.

11 Grid Will Dramatically Speed Up Climate Action / Bloomberg, 2020.07.28.

12 Volkswagen Power Day / Volkswagen, 2021.03.15.

13 Tesla "big battery" in Australia is becoming a bigger nightmare for fossil fuel power generators / Teslarati, 2020.02.28.

14 Sungrow Dominates Energy Storage Market According to Wood Mackenzie /

Renewable Energy Magazine, 2023.11.03.

15 Americans Are Not Impressed With the Cybertruck, Survey Shows / Autoevolution, 2019.12.16.

16 Gas prices fall to under $1 in 13 states as demand drops during pandemic / ABC News. 2020.04.20.

17 USA Automotive Sales Volume, 2022 / Marklines, 2023.01.05.

18 2022 TOP SELLING U.S. PICKUP TRUCKS (RANKED) / Tailored Trucks, 2023.

19 USA Automotive Sales Volume, 2022 / Marklines, 2023.01.05.

20 An expert dismantled a Tesla Model 3. He found poor design and manufacturing are squandering profits / Los Angeles Times. 2018.10.17.

21 Tesla to begin Cybertruck deliveries with price starting at $60,990 / The Guardian. 2023.12.01.

22 Automotive Ethernet: An Overview / IXA, 2014.05.

23 Tesla Cybertruck orders reach 1.9 million as Musk details 'off the hook' demand / Teslarati, 2023.07.21.

24 Tesla expects to produce 500,000 Cybertrucks annually / The Driven, 2023.05.18.

25 Tesla FSD users pass 1.3 billion cumulative miles / TeslaRATI, 2024.04.24.

26 Time it took for platforms to reach 1 million users / Mailonline, 2023.07.06.

27 Tesla's FSD Beta Now Active In 400,000 Cars In US And Canada / InsideEVs, 2023.01.26.

28 유튜브 채널 'Tesla'(youtube.com/watch?v=Ucp0TTmvqOE).

29 Tesla will launch ride-sharing app with its own driver insurance / Electrek, 2020.02.04.

30 Tesla Vehicle Safety Report / 테슬라 웹사이트.

31 Model 3 achieves the lowest probability of injury of any vehicle ever tested by NHTSA / 테슬라 웹사이트, 2018.10.07.

32 Electronics Account for 40 Percent of the Cost of a New Car / Caranddriver, 2020.05.02.

33 CEO Jim Farley explains how Ford is learning from Tesla, marketing EVs as "digital products" / Charged, 2023.06.08.

34 Tesla teardown finds electronics 6 years ahead of Toyota and VW / Nikkei Asia, 2020.02.17.

35 CEO Jim Farley explains how Ford is learning from Tesla, marketing EVs as "digital products" / Charged, 2023.06.08.

36 Addressing Europe's Energy Crisis: The Power of Heat Pumps / Sustain Europe, 2023.09.25.

37 Golden Circle model: Simon Sinek's theory of value proposition 'start with why' / Smart Insights, 2022.10.25.

38 유튜브 채널 'Everyday Astronaut'(youtube.com/watch?v=t705r8ICkRw).

39 Tesla now operates the most productive car factory in the US / Electrek, 2022.01.24.

40 Tesla's Unbelievable Factory Efficiency Deserves More Attention / InsideEVs, 2022.02.04.

41 Elon Musk Puts Demand Concern To Rest: "Price Really Matters" / InsideEVs, 2023.01.26.

42 Teardown expert Sandy Munro compares Tesla, Nissan, Jaguar inverters / Charged, 2020.09.09.

43 Tesla Model Y To Share ~76% Of Parts With Model 3, Be Built At Gigafactories / Cleantechnica, 2019.01.31.

44 Master Plan Part 3 Presentation / 테슬라 웹사이트, 2023.04.05.

PART 2. 일론 머스크의 계획이 남다를 수 있었던 이유

1 282조 원 쏟아부었지만…"2030년까지도 전기차 배터리 부족" / 머니투데이, 2021.10.13.
2 Tesla's Elon Musk Blames Panasonic Battery Lines for Low Model 3 Output / Transport Topics, 2019.04.15.
3 Tesla's Musk takes on Panasonic in a rare public battle with a key supplier / Los Angeles Times, 2021.04.22.
4 Tesla announces 100 millionth 4680 battery cell production milestone / TeslaRATI, 2024.09.14.
5 AI and Memory Wall / Medium(medium.com/riselab/ai-and-memory-wall-2cb4265cb0b8), 2021.03.30.
6 위와 동일.
7 왜 아파트에 '지붕 태양광' 설치 안 하시죠? 이렇게 좋은데 / 한겨레21, 2023.10.10.
8 Lazard's Levelized Cost of Energy Analysis / Lazard, 2023.04.
9 Global energy storage integrator market grows increasingly competitive in 2022 / Wood Mackenzie, 2023.10.30.
10 Tesla Solar Inverter Architecture White Paper / Tesla, 2022
11 Tesla Datasheet / Tesla, 2020.06.23.
12 ERCOT BESS annualized revenues / Modo Energy, 2024

PART 3. 일론 머스크의 또 다른 계획: 로봇·AI부터 터널, 우주까지

1 Boston Dynamics' Spot Robot Dog Now Available for $74,500 / IEEE Spectrum, 2020.06.16.
2 So What Exactly is 'Deep Technology'? / Linkedin(linkedin.com/pulse/so-what-exactly-deep-technology-swati-chaturvedi), 2015.07.28.

3 Launch costs to low Earth orbit, 1980-2100 / Future Timeline, 2018.09.01.

4 'Eric Berger' X(x.com/SciGuySpace/status/1526189266627330048?s=20).

5 SpaceX is stretching the lifetime of its reusable Falcon 9 boosters / Arstechnica, 2023.07.10.

6 Launch costs to low Earth orbit, 1980-2100 / Future Timeline, 2018.09.01.

7 Launch Roundup: SpaceX surpasses 5,000 active Starlink satellites; China sends taikonauts to space station / Nasaspaceflight, 2023.10.23.

8 SpaceX Eyes $15 Billion in 2024 Sales on Starlink Strength / Bloomberg, 2023.11.07.

9 SpaceX Could Earn $30 Billion Annually From Starlink, 10x Of Sending ISS Supplies - Elon Musk / WCCF Tech, 2020.03.09.

10 SpaceX Tender Offer Values Company at About $150 Billion / Bloomberg. 2023.06.23.

11 Elon Musk claims he's the reason ChatGPT-owner OpenAI exists / CNBC, 2023.05.16.

12 LA traffic: City has 2 of the most congested corridors in the US, study says / Eyewitness News, 2021.03.12.

마치는 글

1 중국 전기차의 동남아 시장 선점 요인 및 시사점 / 대외경제정책연구원, 2024.05.08.

2 2019 산업연관표 / 한국은행, 2021.06.21.

3 Apple Investor Relations / Apple IR 웹사이트.

4 Tesla Investor Relations / Tesla IR 웹사이트.

참고 문헌

- California Energy Commission 웹사이트.
- 테슬라 웹사이트.
- 유튜브 채널 '서울대학교AI연구원'(youtube.com/watch?v=YhXyM8Squ2I).
- 유튜브 채널 'Everyday Astronaut'(youtube.com/watch?v=t705r8ICkRw&t=85s)
- 유튜브 채널 'Tesla'(youtube.com/watch?v=Hl1zEzVUV7w&t=5s).
- 유튜브 채널 'Tesla'(youtube.com/watch?v=j0z4FweCy4M).
- 유튜브 채널 'Tesla'(youtube.com/watch?v=I6T9xIeZTds).
- 유튜브 채널 'Tesla'(youtube.com/watch?v=ODSJsviD_SU).
- 유튜브 채널 'Tesla'(youtube.com/watch?v=Ucp0TTmvqOE&t=467s).
- 유튜브 채널 'The Boring Company'(youtube.com/watch?v=AwX9G38vdCE).
- 유튜브 채널 'The Boring Company'(youtube.com/watch?v=nSIzsMlwMUY).
- 애슐리 반스, 《일론 머스크, 미래의 설계자》, 안기순 옮김, 김영사, 2015.
- 찰리 모리스, 《테슬라 모터스》, 엄성수 옮김, 을유문화사, 2015.
- 송한호·최원재·유은지·설은수·김명수, 〈국내 전기자동차의 전과정 온실가스 배출량 분석〉, 《2016 한국자동차공학회 춘계학술대회》, 한국자동차공학회, 2016.
- 〈바퀴 달린 컴퓨터, SDV〉 / 하이투자증권, 2023.02.21.
- D. Narayanan·M. Shoeybi·J. Casper·P. LeGresley·M. Patwary·V. Korthikanti·Dmitri Vainbrand·Prethvi Kashinkunti·J. Bernauer·Bryan Catanzaro·Amar Phanishayee·M. Zaharia, "Efficient Large-Scale Language Model Training on GPU Clusters Using Megatron-LM", SC21: International Conference for High Performance Computing, Networking, Storage and Analysis, 2021.04.09.
- '최악 폭염'에 정전된 美 캘리포니아···"원전 없애고 태양광 늘린 영향" / 조선비즈, 2020.08.19.
- 2천억개 넘어 100조개까지···초거대 AI, 인간 뇌를 따라잡아라 / 경향신문, 2021.05.23.

- 英, 바람 멈추자 전기요금 7배 급등⋯"풍력발전 의존 탓" / 동아일보, 2021.09.14.
- 테슬라 사이버트럭의 엔딩은 진화일까 해프닝일까 / IMBOLDN, 2019.11.24.
- 포드·GM도 직접 반도체 생산⋯미 자동차 공급망 '화룡정점' 찍나? / 아주경제, 2021.11.19.- How Elon Musk plans to sell 500,000 Teslas per year by 2020 / Driving.com, 2015.08.10.
- 뇌의 시각 처리와 딥 러닝 / 옴니커머스(omnicommerce.ai/ko-kr/resources/noeyi-sigag-ceoriwa-dib-reoning), 2018.09.17.
- AI and Memory Wall / Medium(medium.com/riselab/ai-and-memory-wall-2cb4265cb0b8), 2021.03.30.
- Bad News, Elon Musk: Survey Finds Most People Don't Like How The Tesla Cybertruck Looks / Forbes, 2019.12.19.
- Build fast, fix later: speed hurts quality at Tesla, some workers say / Reuters, 2017.11.29.
- California judge ends SpaceX's lawsuit against the U.S. Air Force / Spacenews, 2020.10.03.
- Elon Musk Finally Saved Tesla From Model 3 Production Hell / Observer, 2018.07.02.
- Elon Musk touts low cost to insure SpaceX rockets as edge over competitors / CNBC, 2020.04.16.
- Elon Musk's Loops: Technology Transforming the Future of Transportation / The Constructor, 2020.11.12.
- Elon Musk's Vegas Boring Tunnel Is a Disappointment, But Cities Are Eager to Have It / Observer, 2021.06.10.
- FACT SHEET: President Biden Sets 2030 Greenhouse Gas Pollution Reduction Target Aimed at Creating Good-Paying Union Jobs and Securing U.S. Leadership on Clean Energy Technologies / The White House, 2021.04.22.
- How the innovative Supply Chain approach of SpaceX contributed to success of

Crew Dragon / Supplhi, 2020.05.30.
- King of the Road: Breaking Down the Popularity of Pickup Trucks / Experian, 2019.08.30.
- Musk Says FSD Is Amazing, But Wants It Ten Times Safer Than Humans / InsideEVs, 2021.08.26.
- NUMMI: a lesson on getting the best - and worst - out of people / linkedin(linkedin. com/pulse/nummi-lesson-getting-best-worst-out-people-ilan-kirschenbaum), 2020.12.28.
- Obama Budget: NASA Would Have Private Companies Launch Astronauts / ABC news, 2010.02.02.
- OpenAI Presents GPT-3, a 175 Billion Parameters Language Model / NVIDIA DEVELOPER, 2020.07.07.
- Poll: Consumers prefer EV trucks from GM, Ford over Rivian, Tesla Cybertruck, but not by much / Autolist, 2019.12.10.
- Renewable electricity growth is accelerating faster than ever worldwide, supporting the emergence of the new global energy economy / IEA, 2021.12.01.
- Renewables 2021 / IEA, 2021.12.01.
- Report: Is Bigger Best in Renewable Energy? / Institute for Local Self-reliance, 2016.09.30.
- Rocket maker loses $227M deal / Bizjournals, 2004.07.04.
- SpaceX: Revolutionizing Space Travel / Harvard Business School, 2015.12.09.
- Tesla "big battery" in Australia is becoming a bigger nightmare for fossil fuel power generators / Teslarati, 2020.02.28.
- Tesla and Panasonic freeze spending on $4.5bn Gigafactory / Nikkei, 2019.04.11.
- Tesla Autopilot will never be perfect but could be 10x safer than humans, says Elon Musk / Electrek, 2018.04.13.
- Tesla Cybertruck is 'incredibly cheap' to bring to production, says manufacturing

expert / Electrek, 2020.01.20.
- Tesla Cybertruck vs. Rivian R1T electric pickup comparison — shocking lead from Tesla / Electrek, 2019.11.22.
- Tesla Cybertruck's 'simple' design goes way deeper than you think / Teslarati, 2019.11.25.
- Tesla faces class action lawsuit over Model 3 paint issues in cold weather / Electrek, 2020.06.05.
- Tesla Giga Press' Major Advantages Recognized by JPMorgan, Could Further Disrupt Industry / Tesmanian, 2021.02.11.
- Tesla Needs Its Battery Maker. A Culture Clash Threatens Their Relationship / Wall Street Journal, 2019.10.08.
- Tesla now operates the most productive car factory in the US / Electrek, 2022.01.24.
- Tesla's Musk takes on Panasonic in a rare public battle with a key supplier / Los Angeles Times, 2021.04.22.
- The cost components of a lithium ion battery / QNOVO, 2016.01.11.
- The Model 3 could be the worst thing that ever happened to Tesla / Business Insider, 2017.02.26.
- Why artificial intelligence is key to renewable energy grid resilience / World Economic Forum, 2021.03.30.

일론 머스크 플랜3
전기차에서 AI, 우주를 담은 마스터플랜의 현주소

초판 1쇄 발행 2024년 11월 28일
초판 5쇄 발행 2025년 1월 17일

지은이 이신복
펴낸이 성의현
펴낸곳 미래의창

편집주간 김성옥
편집진행 이은규
본문 디자인 강혜민

출판 신고 2019년 10월 28일 제2019-000291호
주소 서울시 마포구 잔다리로 62-1 미래의창빌딩(서교동 376-15, 5층)
전화 070-8693-1719 **팩스** 0507-0301-1585
홈페이지 www.miraebook.co.kr
ISBN 979-11-93638-52-1 (03320)

※ 책값은 뒤표지에 표기되어 있습니다.

생각이 글이 되고, 글이 책이 되는 놀라운 경험. 미래의창과 함께라면 가능합니다.
책을 통해 여러분의 생각과 아이디어를 더 많은 사람들과 공유하시기 바랍니다.
투고메일 togo@miraebook.co.kr (홈페이지와 블로그에서 양식을 다운로드하세요)
제휴 및 기타 문의 ask@miraebook.co.kr